감수 · 손영운(과학 저술가)

서울대학교를 졸업하고, 중·고등학교 과학교사를 지냈으며 중학교 과학교과서와 교사용 지도서를 집필했습니다.
현재 김포에서 서점을 운영하면서 과학 저술가 및 도서 기획자로 일하고 있습니다. 그동안 쓴 책으로는
《청소년을 위한 서양과학사》《손영운의 우리 땅 과학답사기》《엉뚱한 생각 속에 과학이 쏙쏙》 등이 있으며
이 중 14권이 과학창의문화재단의 우수과학도서로 선정됐습니다. 기획한 책으로는 〈서울대 선정 인문고전 50선〉
〈마법천자문 과학원정대〉〈이어령의 교과서 넘나들기〉〈브리태니커 만화백과 50선〉 시리즈 등이 있습니다.

지음 · 정미금

방송국에서 어린이 프로그램 작가로 활동하였고, 지금은 사랑과 지혜가 담긴 다양한 어린이 책을 쓰고 있습니다.
지은 책으로는 《행복한 물리 서커스단》《미생물 실험실이 수상해》《세상 모든 탐험가의 탐험 이야기》《안녕히 다녀왔습니다》
《떴다! 지식탐험대-식물에 숨어 있는 비밀을 찾아라》 등이 있습니다.

그림 · 신혜영

2001년 '대원수퍼만화대상' 공모전에서 '이슈' 부문 가작으로 당선해 만화계에 들어섰습니다. 그 후 '이슈'에서
작품 활동을 하였으며, 펴낸 책으로는 《학교짱이 될 거야》《우리 아이 창의력을 키워 주는 놀라운 발명백과》
〈퀴즈! 과학상식〉 시리즈의 《황당 요리 수학》《공포 미로 수학》《SOS 쓰레기 과학》《황당 직업》《황당 불량 과학》
《드론 과학》 등이 있습니다.

2017년 4월 1일 초판 1쇄 펴냄
2021년 10월 20일 초판 3쇄 펴냄

지음 · 정미금 **그림** · 신혜영 **감수** · 손영운(과학 저술가)
사진 제공 · 국립중앙박물관, 게티이미지뱅크, 아론비행선박산업, 청주고인쇄박물관, 한국과학기술연구원 유범재 교수, LG전자

펴낸이 · 이성호 **펴낸곳** · (주)글송이
편집/디자인 · 임주용, 최영미, 한나래, 권빈 **마케팅** · 이성갑, 윤정명, 이현정, 김병선, 문현곤, 조해준, 이동준
경영지원 · 최진수, 이인석, 진승현

출판 등록 · 2012년 8월 8일 제2012-000169호 **주소** · 서울시 서초구 능안말1길 1 (내곡동)
전화 · 578-1560~1 **팩스** · 578-1562 **홈페이지** · www.gsibook.com

ⓒ글송이, 2017

ISBN 979-11-7018-357-0 74400
       979-11-7018-343-3 (세트)

*이 도서의 국립중앙도서관 출판시도서목록(CIP)은 서지정보유통지원시스템 홈페이지(http://seoji.nl.go.kr)와
 국가자료공동목록시스템(http://www.nl.go.kr/kolisnet)에서 이용하실 수 있습니다. (CIP제어번호: CIP2017007087)

*이 책은 저작권법에 따라 보호받는 저작물입니다. 무단 전재와 무단 복제를 금지하며, 이 책의 내용이나 사진의 전부 또는
 일부를 이용하려면 반드시 (주)글송이와 사진 저작권자의 서면 동의를 받아야 합니다.

감수의 글

과학자들이 만든 발명품은 우리의 삶을 편리하게 해 줘요.
자동차, 기차, 비행기를 타고 먼 곳으로 빨리 갈 수도 있고
인터넷을 통해 앉은 자리에서 다양한 정보 얻을 수도 있어요.
텔레비전에 나오는 재미있는 만화영화를 매일매일 볼 수도 있지요.
또 과학자들이 만든 발명품은 우리 인간을 위대한 존재로 만들어 줘요.
인간은 문자와 종이로 뛰어난 문명을 만들었고, 망원경으로
신비한 우주를 관찰해 과학 기술을 발전시켰어요.
과학자들의 발명은 작은 호기심에서 시작했어요. 호기심을 해결하기 위해
끊임없이 연구하여 새로운 발명품을 탄생시킬 수 있었지요.
《우리 아이 창의력을 키워 주는 놀라운 발명백과》는 과학자들의
위대하고 놀라운 발명들을 모은 책이에요. 어린이 여러분이 이 책에
나오는 과학자들처럼 호기심을 가지고 세상을 바라보았으면 좋겠어요.
멋진 발명품을 만들고 미래의 첨단 과학 기술 시대를 이끄는
과학 인재가 되기를 바랍니다.

과학 저술가 손영운

머리말

'전화기는 누가 발명했어요?'
'최초의 컴퓨터는 무엇이에요?'
'지우개 달린 연필은 어떻게 만들어졌어요?'
우리가 사용하고 있는 물건을 발명한 사람은 누구인지, 발명품에는
어떤 과학 원리가 들어 있는지 궁금하지요? 과학자들의 노력과
창의적인 생각이 모여 이루어 낸 발명에 관한 이야기들을 모아 한 권의
책으로 엮었어요. 《우리 아이 창의력을 키워 주는 놀라운 발명백과》에는
종이, 예방접종, 컴퓨터, 로봇처럼 세상을 바꾼 위대한 발명,
자동차, 전화기, 인터넷처럼 세상을 이어 주는 교통과 통신,
안경, 전자레인지, 청소기처럼 생활을 편리하게 해 주는 도구와 기계 등
어린이들이 궁금해하는 발명 74가지가 소개되어 있어요.
여러분은 이 책을 통해 과학자들의 번뜩이는 아이디어와 창의력,
끊임없이 노력하는 자세를 배울 수 있을 거예요. 여러분 모두가
깜짝 놀랄 만한 새로운 발명의 주인공이 되어 보세요.

지은이 정미금

차례

1. 세상을 바꾼 위대한 발명

종이는 누가 만들었어요? · 14

백열전구는 어떻게 환한 빛을 내요? · 16

문자는 어떻게 만들어졌어요? · 18

통나무를 바퀴로 사용했다고요? · 20

나폴레옹은 왜 병조림이 필요했어요? · 22

텔레비전은 누가 발명했어요? · 24

아프지 않게 수술할 수 있어요? · 26

인쇄술의 발달로 사람들이 똑똑해졌어요? · 28

망원경은 누가 발명했어요? · 30

시계는 어떻게 발달되었어요? · 32

스스로 알아서 일하는 기계가 있어요? · 34

컴퓨터는 어떻게 발전했어요? · 36

병균으로 질병을 예방한다고요? · 38

현미경으로 얼마나 크게 볼 수 있어요? · 40

냉장고의 원리는 뭐예요? · 42

최초의 영화를 만든 사람은 누구예요? · 44

드론이란 무엇이에요? · 46

2 세상을 이어 주는 교통과 통신

비행기는 누가 발명했어요? · 50

자전거는 어떻게 발전했어요? · 52

최초의 자동차는 무엇이에요? · 54

배는 어떻게 물 위에 떠요? · 56

전화기는 누가 먼저 만들었어요? · 58

최초의 기차는 어떻게 움직였어요? · 60

하늘은 나는 열기구는 누가 만들었어요? · 62

인공위성을 처음 발명한 나라는 어디예요? · 64

인터넷으로 세계를 연결한다고요? · 66

3 생활을 편리하게 해 주는 도구와 기계

부드러운 화장지는 언제부터 사용했어요? · 70

안경을 쓰면 왜 잘 보여요? · 72

물건을 안전하게 지키는 방법이 있어요? · 74

단추는 언제부터 사용했어요? · 76

지퍼는 누가 발명했어요? · 78

바코드를 찍으면 무엇을 알 수 있어요? · 80

동전에 어떤 그림을 새겼어요? · 82

최초의 지폐는 무엇이에요? · 84

투명한 유리는 어떻게 만들어요? · 86

거울은 언제부터 사용했어요? · 88

최초의 전지는 누가 발명했어요? · 90

자동판매기 속 물건은 어떻게 나와요? · 92

엘리베이터는 어떻게 움직여요? · 94

버튼만 누르면 내 맘대로 된다고요? · 96

전자레인지는 어떻게 발명되었어요? · 98

정수기는 어떻게 깨끗한 물을 만들어요? · 100

청소기는 어떻게 발전했어요? · 102

냄새가 올라오지 않는 변기는 누가 발명했어요? · 104

온도에 따라 늘었다 줄었다 한다고요? · 106

보온병의 코코아는 왜 식지 않아요? · 108

피아노에서는 어떻게 소리가 나요? · 110

축음기는 누가 발명했어요? · 112

카메라는 어떻게 사진을 찍어요? · 114

따끔한 주사기는 누가 발명했어요? · 116

청진기로 무슨 소리를 들을 수 있어요? · 118

엑스선 사진은 누가 처음 찍었어요? · 120

몸속을 여행하는 카메라가 있어요? · 122

 4 생활 속 아이디어 신기한 발명

중국인들은 왜 불꽃놀이를 좋아했어요? · 126

오줌이 비누로 사용되었어요? · 128

돼지 털로 칫솔을 만들었다고요? · 130

가발은 언제부터 썼어요? · 132

낙하산은 누가 발명했어요? · 134

최초의 잠수복은 어떻게 생겼어요? · 136

롤러스케이트는 누가 발명했어요? · 138

청바지는 무엇으로 만들었어요? · 140

초콜릿은 어떻게 만들어요? · 142

벨크로는 왜 서로 달라붙어요? · 144

연필은 언제부터 사용했어요? · 146

연필깎이는 어떻게 연필을 깎아요? · 148

지우개는 어떻게 글씨를 지워요? · 150

볼펜은 어떤 원리로 만들었어요? · 152

클립은 어느 나라에서 발명했어요? · 154

일회용 반창고는 누가 발명했어요? · 156

셀로판테이프는 어떻게 만들었어요? · 158

붙였다 떼었다 할 수 있다고요? · 160

실수를 감춰 주는 물건이 있어요? · 162

안전 면도기는 어떻게 발명되었어요? · 164

종이컵은 누가 발명했어요? · 166

1 종이는 누가 만들었어요?

세상을 바꾼 위대한 발명

아주 먼 옛날, 종이가 없던 때에는 돌이나 나무에 글을 썼어요. 딱딱한 돌이나 나무껍질에는 글자를 새기기가 무척 힘들었지요.
중국 사람들은 부드러운 비단(명주실로 짠 천)이나 죽간(대나무 조각)에 글을 쓰기도 했어요.
"비단은 너무 비싸고 죽간은 너무 무거워!"
중국 한나라 왕실에서 물품을 관리하던 '채륜'은 비단보다 싸고 죽간보다 가벼운 것을 만들어야겠다고 마음먹었어요.

물에 불린 나무껍질과 낡은 천 조각을 삶는다.

절구통에 넣고 방망이로 찧어 곱게 으깬다.

채륜은 나무껍질과 낡은 천을 물에 넣어 불리고
삶아서 아주 곱게 으깼어요. 이것을 얇게 펴서
말렸더니 종이가 만들어졌지요. 105년 무렵,
채륜이 만든 종이를 '채후지'라고 불렀답니다.
종이가 발명되자 책이 만들어졌고 사람들은
책을 통해 다양한 지식을 얻을 수 있게 되었어요.
채륜이 발명한 종이 만드는 기술은
전 세계로 널리 전해졌어요.

▲ 종이를 발명한 **채륜**

1 세상을 바꾼 위대한 발명

백열전구는 어떻게 환한 빛을 내요?

1879년, 미국의 발명가 토마스 에디슨이 어둠을 밝게 비춰 주는 백열전구를 발명했어요. 유리알처럼 생긴 백열전구 속에는 '필라멘트'라는 가는 금속 선이 들어 있어요. 이 선에 전기가 흐르면 뜨거운 열과 밝은 빛이 뿜어져 나오지요. 에디슨이 백열전구를 발명하기 이전에도 여러 과학자들은 다양한 전구를 발명했어요.

▲토마스 에디슨

하지만 에디슨이 발명한 백열전구처럼 우리 생활이나 산업에서 쓸모 있게 사용되지는 않았지요. 에디슨은 백열전구를 널리 보급하기 위해 소켓, 전기 스위치, 발전기 등도 발명했어요.

1 세상을 바꾼 위대한 발명

문자는 어떻게 만들어졌어요?

반짝반짝, good, 山川…….
이렇게 우리가 사용하는 말과 소리를 눈으로 직접
볼 수 있도록 쓴 것을 문자라고 해요.
문자가 없었던 원시 시대의 원시인들은
동굴 벽이나 바위에 그림을 그려 생각과
바라는 것들을 기록했어요. 이러한 그림의
모양이 단순하게 변해서 문자가
탄생하게 되었지요.

쐐기 문자는 설형 문자라고도 해. 설형이 '쐐기 모양'이라는 뜻이거든.

고대 이집트의 히에로글리프

고대 메소포타미아의 쐐기 문자

가장 먼저 탄생한 문자는 쐐기 문자예요. 쐐기 문자는 기원전 3000년경 고대 메소포타미아에 살았던 수메르 인이 만들었어요. 그들은 진흙 판에 쐐기(V자 모양의 나무 조각) 모양으로 문자를 새겼지요. 이후 고대 이집트에서는 히에로글리프라는 상형 문자(물건의 형상을 본떠 만든 글자)가, 고대 중국에서는 갑골 문자라는 상형 문자가 만들어졌어요. 우리나라의 문자인 한글은 1443년에 세종대왕이 만들었어요. 한글은 매우 과학적이며, 우리나라의 높은 문화 수준을 보여 주는 우수한 문자로 인정받고 있답니다.

1 통나무를 바퀴로 사용했다고요?

세상을 바꾼 위대한 발명

바퀴는 기원전 3500년경 고대 메소포타미아에서 처음 사용되었어요. 최초의 바퀴는 통나무를 그대로 잘라 만들었어요. 그 뒤 단점을 보완해 나무 조각을 덧댄 튼튼한 바퀴가 나왔고, 통나무 안쪽에 바큇살을 단 가벼운 바퀴도 등장했어요. 하지만 나무로 만든 바퀴들은 너무 덜컹거렸어요.

아하~! 바퀴는 이렇게 발전되었구나?

원판 모양의 나무 바퀴 (기원전 3500년경)

나무 조각을 덧대어 튼튼해진 나무 바퀴 (기원전 2600년경)

1845년, 영국의 발명가 로버트 윌리엄 톰슨이
말랑말랑한 고무로 테두리를 감싼 바퀴를 만들었어요.
고무 타이어 바퀴는 마차를 한결 부드럽게
굴러가게 했지요. 톰슨은 고무 타이어에 공기를 넣자는
아이디어도 냈어요. 이후 1888년, 같은 나라의 발명가
존 보이드 던롭이 공기 타이어 바퀴를 만들어 자전거에
달았어요. 던롭의 공기 타이어 바퀴는 오토바이와
자동차에도 널리 사용되었어요.

안쪽에 바큇살을 만들어
가벼워진 나무 바퀴
(기원전 2000년경)

고무로 테두리를 감싼
고무 타이어 바퀴
(1845년)

1 세상을 바꾼 위대한 발명

나폴레옹은 왜 병조림이 필요했어요?

먼 길을 떠나 전쟁을 치르던 프랑스의 나폴레옹은 고민에 빠졌어요.
'군사들이 먹을 음식을 빨리 조리하고, 신선하게 오래 보관할 방법이 없을까?'
나폴레옹의 고민은 1804년, 요리사 니콜라 아페르가 발명한 '병조림' 덕분에 해결되었어요. 병조림은 유리병에 식품을 넣어 가열한 후 밀봉(열지 못하게 단단히 붙임)하는 식품 저장 방법이에요. 병조림의 발명으로 나폴레옹의 군사들은 신선한 음식을 먹으며 전쟁에서 싸울 수 있었지요.

저…, 유리병이 또 깨졌어요!

그런데 병조림은 가열하거나 운반하는 과정에서 쉽게 깨지고 무겁다는 단점이 있었어요. 1810년, 영국의 기술자 피터 듀란드가 병조림법의 단점을 보완한 식품 저장 방법을 개발했어요. 바로 양철 깡통에 음식을 보관하는 '통조림'이었지요.

▲병조림과 통조림

병조림에 저런 문제가 있었다니!

텔레비전은 누가 발명했어요?

▲ 존 로지 베어드

1925년, 영국의 '존 로지 베어드'가 최초의 텔레비전을 발명했어요. 이 발명은 독일의 파울 닙코가 만든 '닙코 원판' 덕분에 가능했지요. 닙코 원판은 전기 신호를 움직이는 영상으로 바꿔 주는 장치예요. 이 원판에 빛을 발사하면 원판에 뚫려 있는 구멍을 통과하며 영상으로 보여져요. 베어드는 닙코 원판을 1분에 600번 빠르게 회전시켜 영상을 보여 주는 데 성공했어요. 화면 속 사물의 색깔이 검은색의 짙고 옅음으로 나타나는 흑백텔레비전이었지요.

우리나라 최초의 텔레비전은 1966년, 금성사(현 LG전자)에서 만든 흑백텔레비전 'VD-191'이에요. 수입 텔레비전보다 저렴해서 큰 인기를 끌었어요. 이후 컬러텔레비전이 등장했고 오늘날의 텔레비전은 두께는 점점 얇아지고 있으며 디지털 텔레비전, 스마트 텔레비전 등 다양한 기능의 텔레비전들이 만들어지고 있어요.

▲우리나라 최초의 텔레비전 VD-191 제공: LG전자

아프지 않게 수술할 수 있어요?

치료를 받는 환자들의 고통을 줄여 주기 위해서 많은 의사들이 *마취제를 연구했어요. 미국의 치과 의사 호레이스 웰스는 서커스 공연을 보러 갔다가 웃음 가스를 알게 되었어요. 웃음 가스라는 아산화질소를 마신 사람이 넘어져서 피가 나는데도 아픈 줄 모르는 것을 보게 되었지요. 1844년, 웰스는 자신이 직접 웃음 가스를 마시고 이를 뽑아 보았어요. 신기하게도 하나도 아프지 않았지요.

*마취제: 일시적으로 의식이나 몸 일부분의 감각을 잃게 하는 약

하지만 1845년, 종합 병원에서 웃음 가스 효과를 시연하던 웰스는 환자가 특별한 반응을 보이지 않아 사람들의 조롱을 받았어요. 이에 실망한 웰스는 마취제 연구를 포기했지요.
그러나 웰스의 조수 윌리엄 모턴이 계속 연구하여 1846년, 에테르라는 성분으로 '마취제'를 발명했어요. 이후 마취제가 널리 쓰이게 되면서 사람들은 고통 없이 수술을 받을 수 있게 되었답니다.

마취제 덕분에 하나도 아프지 않았어.

1 세상을 바꾼 위대한 발명

인쇄술의 발달로 사람들이 똑똑해졌어요?

오늘날에는 인쇄기의 버튼만 누르면 똑같은 내용의 종이들이 줄줄 나와요. 옛날에는 일일이 손으로 옮겨 적어야 했어요. 그러다가 나무판에 글자를 새긴 뒤 종이에 찍어 내는 목판 인쇄술이 중국에서 발명되었어요. 이 기술은 우리나라에도 전해졌지요. 지금까지 남아 있는 목판 인쇄물 중에 가장 오래된 것은 751년경 우리나라에서 만든 《무구정광대다라니경》이에요.

인쇄술의 발달로 지금은 간편하게 인쇄할 수 있어.

우리 조상은 글자를 금속 틀에 새기는 금속 활자를 세계 최초로 발명했고, 1377년 세계 최초의 금속 활자 인쇄물인 《직지심체요절》을 찍었어요. 《직지심체요절》은 서양 최초의 금속 활자 인쇄물인 독일의 《구텐베르크의 42행 성서》보다 70년 이상 앞서 만들어졌지요. 인쇄술의 발달로 많은 사람들이 책을 보며 지식을 쌓아 더 똑똑해질 수 있었어요.

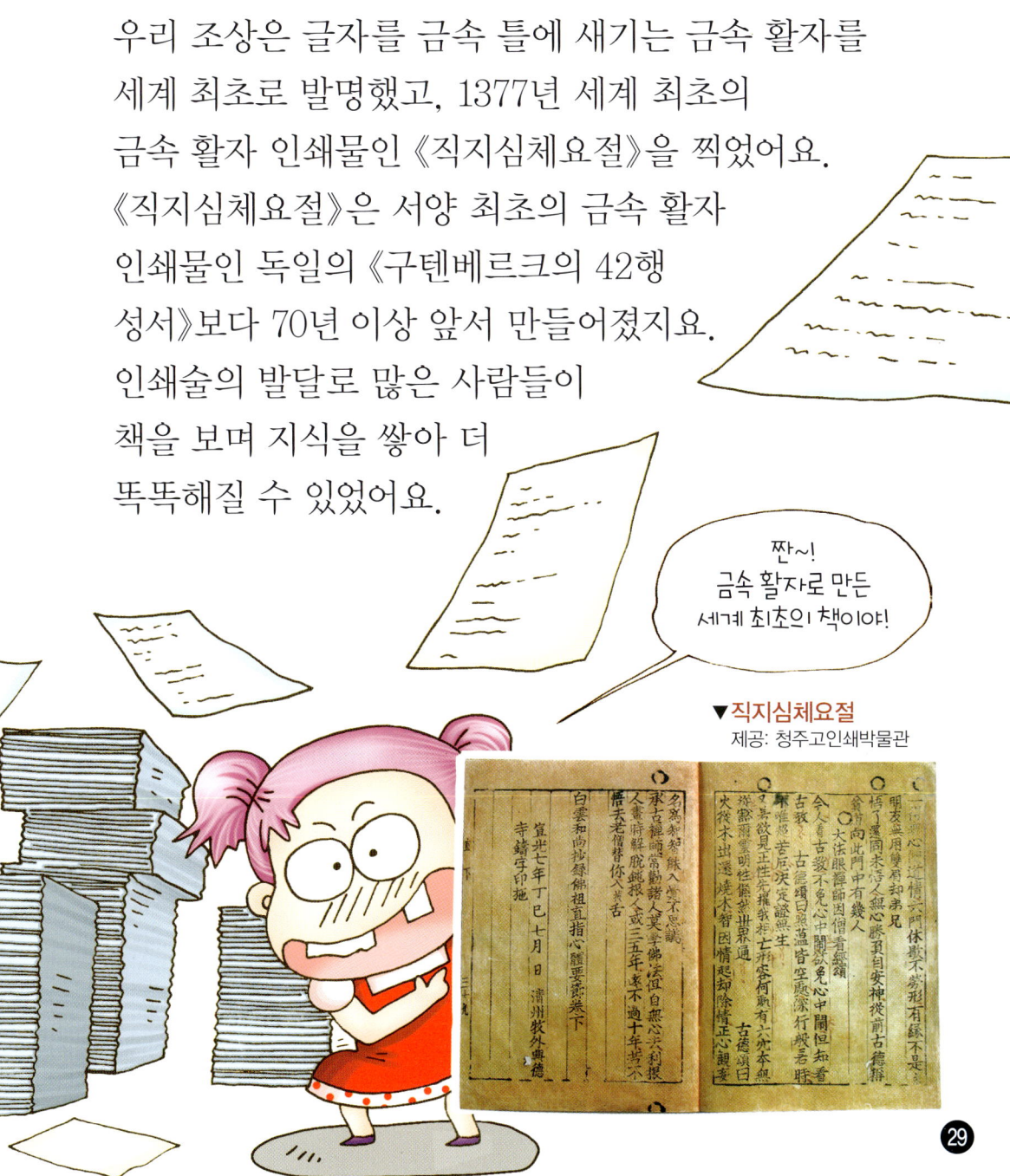

짠~! 금속 활자로 만든 세계 최초의 책이야!

▼ 직지심체요절
제공: 청주고인쇄박물관

망원경은 누가 발명했어요?

네덜란드에서 안경 만드는 일을 하던 한스 리퍼세이에게는 아들이 있었어요. 리퍼세이의 아들은 안경 렌즈를 가지고 놀다가, 렌즈 2개를 겹쳐서 보면 물건이 더 크게 보인다는 것을 발견했어요. 리퍼세이는 아들의 발견에 아이디어를 얻어 볼록 렌즈와 오목 렌즈를 적당한 간격으로 원통에 끼워 보았어요. 2개의 렌즈를 통해 보니 멀리 있는 것도 크게 잘 보였지요. 이렇게 해서 1608년, 최초의 '망원경'이 발명되었어요.

1609년, 이탈리아의 과학자 갈릴레오 갈릴레이는 우주를 관찰하는 천체 망원경을 만들었어요. 천체 망원경으로 하늘의 달이나 별 등을 관찰하여 달에 있는 산과 태양의 흑점 등을 발견했답니다.

▲지세페 베르티니의 그림에 등장하는 **갈릴레이의 망원경**

시계는 어떻게 발달되었어요?

사람들이 처음으로 사용한 시계는 태양의 움직임을 이용한 해시계였어요. 그런데 해시계는 깜깜한 밤이나 비가 오는 날에는 사용할 수가 없었어요. 그래서 물시계(물의 양의 변화로 시간을 재는 시계)를 만들어 해시계와 함께 사용했지요.

14세기경, 유럽에 기계식 시계가 등장했어요. 도시의 광장이나 시장에 거대한 시계탑이 세워졌고, 15분마다 종이 울려 시민들에게 시간을 알려 주었어요.

이후 1581년, 이탈리아의 과학자 갈릴레오 갈릴레이는 천장에 매달린 샹들리에가 일정한 주기로 왼쪽 오른쪽으로 흔들리는 것을 보았어요. 이 발견을 통해 진자(줄에 추를 달아 좌우로 움직이게 만든 물체)로 시계를 만들 수 있다는 것을 알아냈지요. 하지만 진자시계(추시계)를 만든 사람은 네덜란드의 천문학자 크리스티안 호이겐스예요. 그는 1656년에 초 단위까지 잴 수 있는 진자시계를 만들었어요. 그리고 1675년에는 '탈진기(밸런스)'라는 작은 추를 발명해 휴대할 수 있는 시계를 만들었지요.

짹깍 짹깍

탈진기는 시계를 규칙적으로 흐르게 하는 장치야.

- 시침
- 분침
- 태엽통
- 탈진 바퀴
- 앵커
- 헤어스프링
- 탈진기
- 용두
- ①~④: 톱니바퀴

1 세상을 바꾼 위대한 발명

나는 청소 로봇! 모든 먼지를 전부 없애 줄게!

나는 한 치의 오차도 없이 수술하는 의사 로봇!

스스로 알아서 일하는 기계가 있어요?

▲ 휴머노이드 로봇 **마루**
제공: 한국과학기술연구원 유범재 박사

어떤 일을 자동으로 할 수 있게 만든 기계 장치를 '로봇'이라고 해요. 로봇이란 말을 처음 사용한 사람은 체코슬로바키아의 작가 카렐 차페크예요. 그는 자신의 희곡(연극 대본) 《로섬의 만능 로봇》(1920년)에 미래 사회에서 로봇이 사람을 대신해 일한다는 이야기를 썼어요.

옛날의 로봇은 오늘날의 로봇과는 달랐어요.
옛날에는 자동으로 움직이는 인형이나
태엽을 감아 움직이는 시계 정도를 로봇이라고 했어요.
하지만 오늘날에는 공장의 산업용 로봇, 병원의 수술
로봇, 우주 탐사 로봇 등과 같은 로봇이 등장할 정도로
로봇 기술이 크게 발전했지요.
또 사람과 대화를 나누며 친구가 될 수 있는 로봇과
집안일을 돕는 가사 로봇 등 일상생활에서까지 로봇을
만날 수 있게 되었답니다.

1 세상을 바꾼 위대한 발명

컴퓨터는 어떻게 발전했어요?

1942년, 미국에서는 최초의 컴퓨터 '아타나소프-베리 컴퓨터'가 만들어졌지만 실제로 사용되지는 않았어요. 실제로 사용된 컴퓨터는 1943년, 영국에서 만든 '콜로서스'였지요. 이후 1946년, 미국의 존 모클리와 존 에커트는 당시의 컴퓨터 중에서 가장 똑똑한 '에니악'을 발명했어요. 에니악은 1초에 5000번의 덧셈, 357번의 곱셈, 38번의 나눗셈을 할 수 있었지요.

▼에니악

에니악에는 1만 7,468개의 진공관과 130km나 되는 전선이 달려 있어.

에니악의 발명으로 컴퓨터는 다양한 기술이 더해져서 점점 작아지고 성능도 좋아졌어요. 특히 수많은 정보를 빠르게 처리할 수 있는 장치인 마이크로 프로세서와 마우스, 키보드 등의 발명은 컴퓨터 분야에 큰 발전을 가져왔지요.
이후 휴대가 가능하고 기능이 다양한 노트북 컴퓨터, 태블릿PC 등의 개인용 컴퓨터들이 등장했답니다.

▲오늘날의 **컴퓨터**

1 세상을 바꾼 위대한 발명

병균으로 질병을 예방한다고요?

난 세균! '박테리아'라고도 불리지.

우리는 질병에 걸리지 않기 위해 예방 주사를 맞아요. 예방 주사액에는 면역력을 길러 주는 약인 '백신'이 들어 있거든요. 백신을 처음 만든 사람은 천연두 백신을 발명한 영국의 에드워드 제너였어요. 하지만 백신 개발 과정을 과학적으로 알아내 발전시킨 사람은 프랑스의 미생물학자 루이 파스퇴르지요. 1880년, 프랑스에 닭 콜레라라는 전염병이 유행했어요. 이때 파스퇴르는 닭 콜레라 세균을 먹은 닭들이 가볍게 병을 앓고 다시 건강해지는 것을 발견했어요.

▲ 루이 파스퇴르

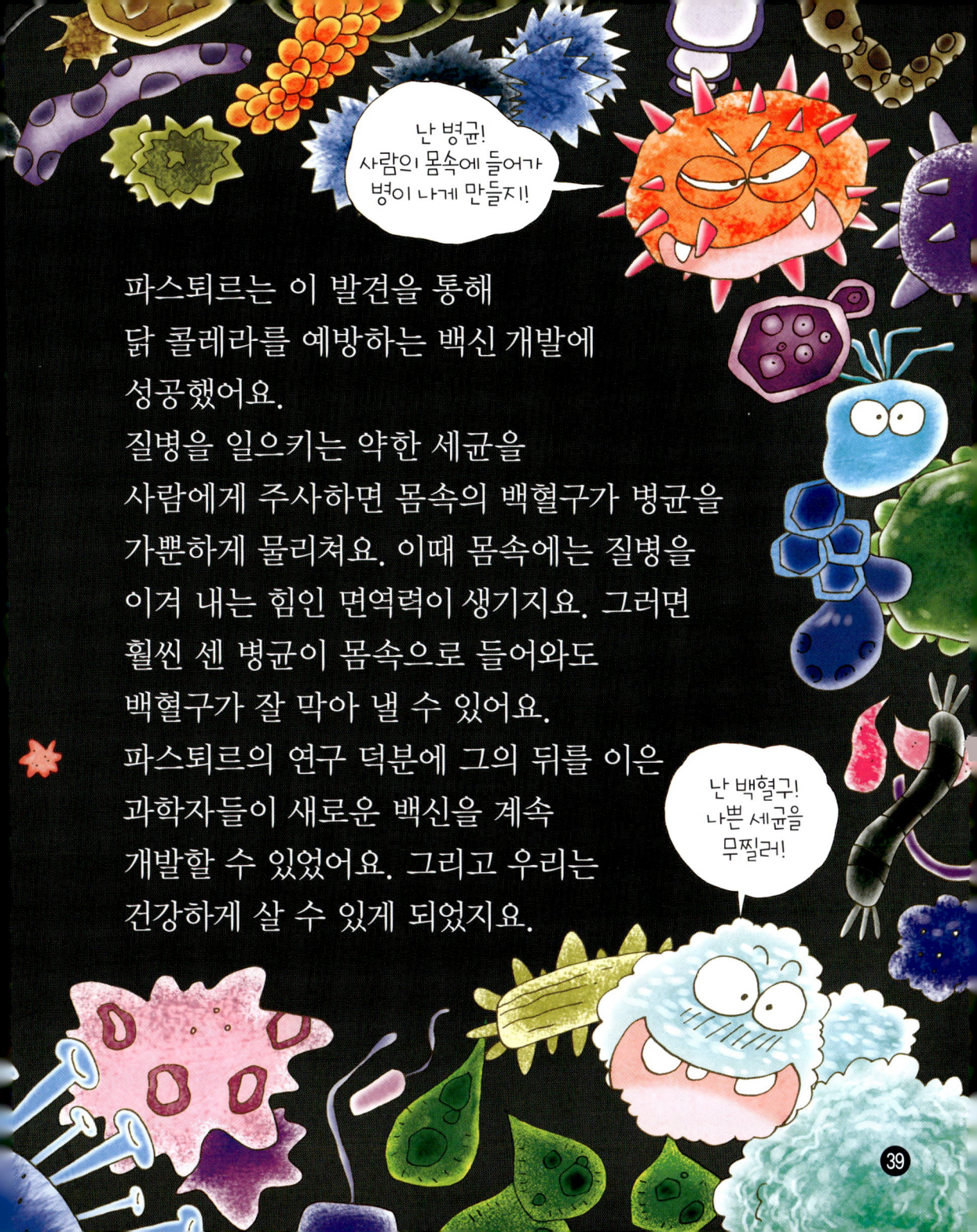

1 현미경으로 얼마나 크게 볼 수 있어요?

세상을 바꾼 위대한 발명

17세기경, 네덜란드의 안톤 판 레이우엔훅이 '현미경'을 발명했어요. 현미경은 눈으로 볼 수 없을 만큼 작은 물체를 확대해서 볼 수 있는 기구예요. 레이우엔훅은 사물을 270배로 확대해서 볼 수 있는 현미경을 만들어 사람의 정자와 적혈구 세포를 발견했어요. 또한 원생생물, 효모, 세균 등 단세포 미생물도 발견했지요. 우리가 흔히 현미경이라고 부르는 광학 현미경은 사람의 눈으로 볼 수 있는 가시광선 영역의 빛을 이용해 물체를 관찰해요. 빛이 현미경의 렌즈를 통과하면서 굴절하는 성질을 이용한 광학 현미경은 물체를 2000배까지 확대할 수 있지요.

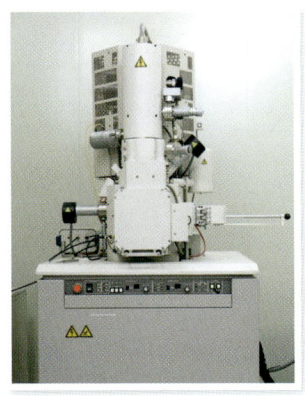
▲ 전자 현미경

광학 현미경으로도 볼 수 없을 만큼 작은 물체를 볼 때는 전자 현미경을 사용해요. 전자 현미경은 전자의 흐름을 이용하여 물체를 관찰하며, 성능이 좋은 것은 수백 만 배나 확대할 수 있답니다.

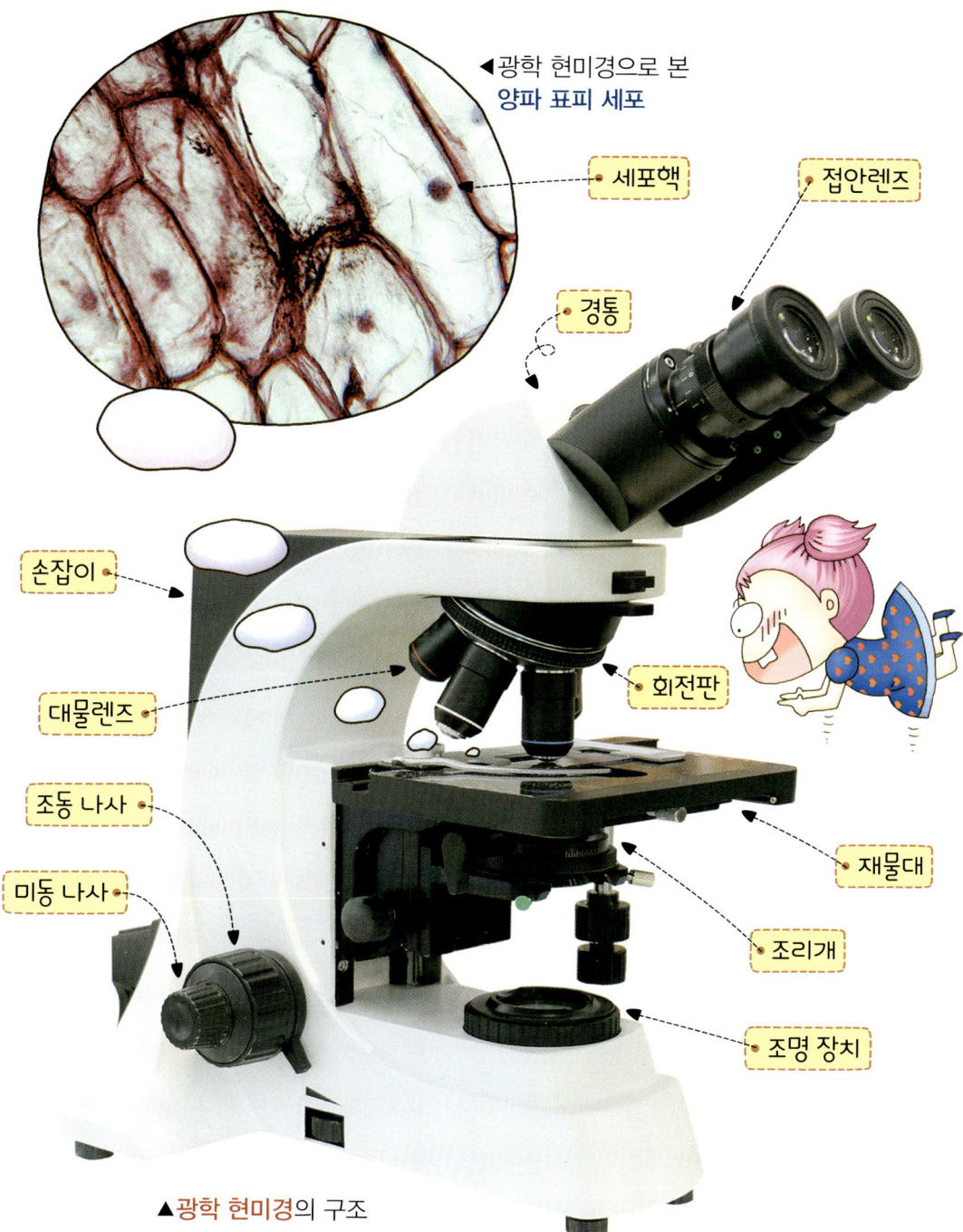

▲ 광학 현미경의 구조

◀ 광학 현미경으로 본 양파 표피 세포

1 세상을 바꾼 위대한 발명

냉장고의 원리는 뭐예요?

여름에는 기온이 높아 곰팡이나 세균의 번식이 활발해 음식이 빨리 상해요. 그래서 옛날 사람들은 시원한 동굴이나 겨울에 구한 얼음이 있는 창고에 음식을 보관했어요.
1834년, 영국의 발명가 제이콥 퍼킨스는 '에테르'라는 물질을 압축시키면 냉각(식혀서 차게 만듦) 효과가 생긴다는 원리를 알게 되었어요. 제이콥 퍼킨스는 이 원리로 얼음을 만들 수 있었지요.
　그 후 1862년, 스코틀랜드의 제임스 헤리슨은 제이콥 퍼킨스가 발견한 냉각 원리로 냉장고를 만들 수 있었고, 이것을 국제 박람회에 소개하여 큰 인기를 얻게 되었어요.

아~, 시원해! 남극에 온 것 같아.

이게 바로 퍼킨스가 만든 얼음 얼리는 기계야.

▶ 퍼킨스가 개발한 **공기 냉동 압축기**

1915년, 미국의 알프레드 멜로우즈는 크기가 작은 가정용 냉장고를 만들어 판매했어요. 이후 냉장고 기술은 발전하여 정수(물을 깨끗하게 함) 기능 등이 있는 냉장고도 만들어졌지요.

▲ 오늘날의 **가정용 냉장고**

1 세상을 바꾼 위대한 발명

최초의 영화를 만든 사람은 누구예요?

눈 깜빡할 사이에 여러 장의 그림들이 지나가면 어떻게 보일까요? 우리 눈에는 빠르게 지나가는 그림들이 연결된 동작을 하는 것처럼 보여요. 이것이 바로 영화의 원리예요. 1895년, 프랑스의 뤼미에르 형제는 최초의 영화 촬영기이자 영사기인 '시네마토그래프'를 만들었어요. 그리고 같은 해 12월 28일에 시네마토그래프로 만든 영화 세 편을 상영(극장에서 영화를 공개함)했지요.

뤼미에르 형제가 만든 세 편의 영화는 〈리옹의 뤼미에르 공장을 나서는 노동자들〉, 〈열차의 도착〉, 〈정원사와 어린 장난꾸러기〉였어요. 이 중 〈열차의 도착〉은 별다른 이야기 없이 50초 동안 열차가 도착하는 영상으로 이루어져 있어요. 이 영화를 본 사람들은 비명을 지르며 무서워했어요. 영상 속에 있는 기차가 자신들에게 달려드는 것만 같아 공포를 느꼈기 때문이에요. 이 영화들은 다음 해에 유럽의 여러 곳에서 상영되었어요.

▲ 뤼미에르 형제

▶ 시네마토그래프

1 세상을 바꾼 위대한 발명

배달 드론

▲ 드론

농사 드론

드론이란 무엇이에요?

새나 비행기처럼 날아다니는 '드론'은 무선 전파로 조종할 수 있는 비행 로봇이에요. 무선이란 선이 연결되지 않은 상태에서 신호를 주고받는 것을 말해요. 드론은 군인 아저씨들이 하는 위험한 일을 대신하게 하려고 만들기 시작했어요.

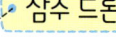
잠수 드론

소방 드론

응급구조 드론

경찰 드론

기술이 발달하면서 배달 드론, 소방 드론, 촬영 드론, 응급구조 드론, 잠수 드론 등 다양한 일을 하는 드론이 발명되었어요. 지금은 사람이 탈 수 있는 드론도 나왔지요. 과학자들은 드론 기술의 발달이 미래 세상에 큰 변화를 가져올 거라고 내다보고 있어요.

레이싱 드론

비행기는 누가 발명했어요?

▲ 윌버 라이트 (형)

▲ 오빌 라이트 (동생)

사람들은 오래전부터 하늘을 날 수 있는 기구를 만들기 위해 노력했어요. 풍선처럼 생긴 열기구나 바람을 타고 나는 글라이더가 만들어지기는 했지만 더 오랫동안 하늘을 날 수 있는 것을 만들고 싶어 했지요.

1903년, 미국의 라이트 형제는 최초의 비행기 '플라이어 1호'를 발명했어요. 물체를 하늘로 날리는 장치를 단 플라이어 1호는 바람개비처럼 뱅글뱅글 돌아가는 프로펠러의 힘으로 날았어요. 동생 오빌이 조종한 플라이어 1호는 12초 동안 37미터 거리를 시속 10.9킬로미터 속도로 비행했어요. 오늘날에는 미국에서 프랑스까지 2~3시간 만에 가는 초고속 제트기와 여객기가 만들어질 정도로 비행기를 만드는 기술이 크게 발전했답니다.

2 세상을 이어 주는 교통과 통신

자전거는 어떻게 발전했어요?

"최초의 자전거에는 페달이 없지!"

19세기 초 유럽에서는 2개의 나무 바퀴가 달린 '셀레리페르'를 타고 다녔어요. 셀레리페르는 나무 바퀴가 달려 있어서 덜컹거렸고, 방향을 바꾸는 핸들이 없어서 매우 위험했지요.

1817년, 독일의 발명가 카를 폰 드라이스는 핸들이 있는 최초의 자전거 '드라이지네'를 발명했어요.

1817년 카를 폰 드라이스가 만든 **드라이지네**

"야호~, 페달을 다니까 운전이 쉬워!"

1861년 피에르 미쇼가 만든 **벨로시페드**

"앞바퀴가 커서 속도가 잘 나!"

1870년대 제임스 스탈리와 윌리엄 힐먼이 만든 **하이 휠**

드라이지네는 핸들이 있어서 편리했지만 자전거를 탄 사람이 발로 땅을 밀며 앞으로 나아가야 하는 자전거였어요. 이후 1861년, 페달을 단 자전거가 등장했고 마침내 자전거는 훨씬 쉽게 굴러갈 수 있게 되었지요. 또 바퀴에 고무 타이어를 두르면서 오늘날 편리하고 안전한 자전거가 되었답니다.

▲오늘날 산악 자전거를 타는 모습

덜컹거리지 않아서 좋군~.

자전거를 타고 신나게 달려 볼까?

오늘날의 자전거

1888년 존 던롭이 만든 고무 타이어 자전거

최초의 자동차는 무엇이에요?

오늘날 우리가 타고 다니는 휘발유(가솔린) 자동차는 엔진에서 휘발유가 탈 때 나오는 힘으로 움직여요. 1886년, 자동차의 아버지라고 불리는 카를 벤츠는 세계 최초의 휘발유 자동차 '페이턴트 모터바겐'을 발명했어요. 하지만 이 자동차는 가격이 비싸서 일반 시민들이 탈 수는 없었어요.

휘발유 엔진 실험을 하던 미국의 헨리 포드는 시민들도 탈 수 있는 싸고 튼튼한 차가 필요하다고 생각했어요.

▲ 포드가 발명한 쿼드리 사이클

부릉 부릉

그 후 1896년, 4개의 바퀴가 달린 마차에 휘발유 엔진을 달아 '쿼드리 사이클'이라는 자동차를 만들게 되었지요. 이후 자동차의 대량 생산에 성공한 포드는 자동차의 왕이라고 불린답니다.

배터리: 시동을 걸 때나 전기 제품 등에 전기를 공급한다.

엔진: 연료의 에너지를 힘으로 바꾼다.

연료 탱크: 연료를 보관한다.

냉각기: 엔진의 열을 식혀 준다.

배기 장치: 엔진에서 나온 배기가스를 내보낸다.

▲ 자동차의 주요 구조

배는 어떻게 물 위에 떠요?

기원전 6000년경, 사람들은 물에 떠 있는 나무를 보고 나무를 이용해서 배를 만들기 시작했어요. 통나무를 가지런히 엮어서 뗏목을 만들거나 통나무 속을 파서 통나무배를 만들었지요. 이후 배를 만드는 재료는 나무에서 철 등의 금속으로 바뀌었고 배는 더욱 튼튼해졌어요. 배를 만드는 기술이 발달하면서 대형 여객선과 대형 화물선도 만들어졌으며, 최근에는 비행기만큼 빠른 '비행 선박(위그선)'도 등장했어요.

▲ **비행 선박** 제공: 아론비행선박산업

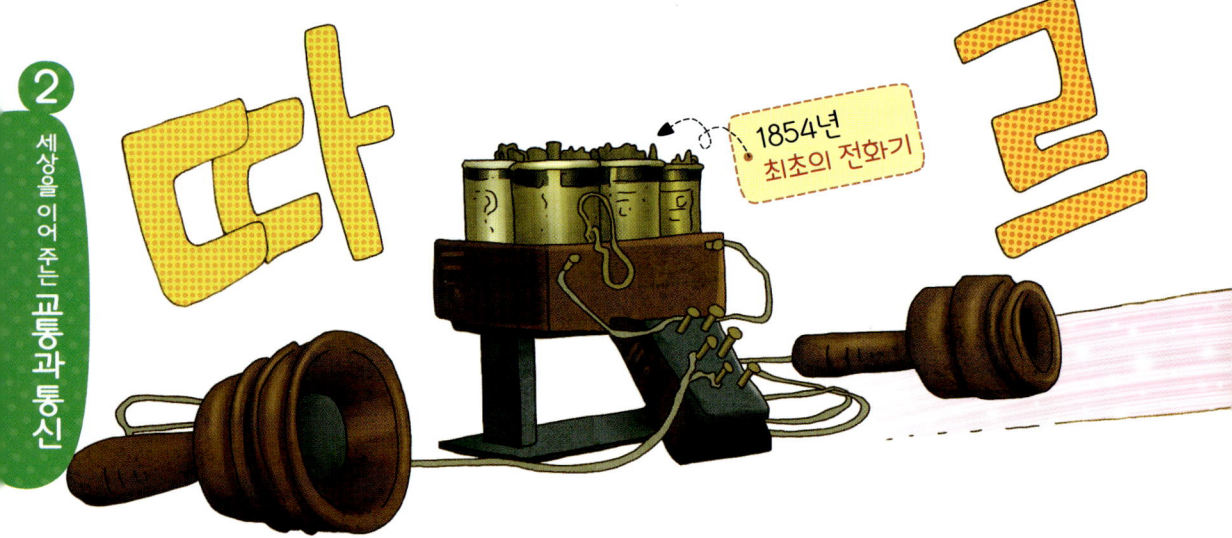

1854년 최초의 전화기

전화기는 누가 먼저 만들었어요?

얇은 종이를 입 앞에 대고 아~ 하고 소리를 내 보세요. 종이가 떨리는 것을 느낄 수 있을 거예요. 이렇게 소리는 떨림을 만들어 내요. 발명가들은 소리의 떨림을 전기 신호로 바꾸기 위해 연구했어요. 그리고 마침내 사람의 목소리를 전기 신호로 바꾸는 데 성공했고, 전선을 통해 멀리 있는 사람에게 전하는 방법도 찾았어요.

▲ 안토니오 메우치

*특허: 물건이나 방법을 최초로 발명한 사람에게 주어지는 권리

2 세상을 이어 주는 교통과 통신

최초의 기차는 어떻게 움직였어요?

기차의 역사는 '증기 기관차'로 시작되었어요. 증기 기관차는 수증기(증기)의 힘을 이용해 움직이는 기차예요. 물을 끓이면 수증기가 생기는데, 수증기는 팽창(부풀어서 부피가 커짐)하려는 강한 힘을 가지고 있어요. 이런 수증기의 힘으로 기차의 바퀴가 굴러가는 거예요.

▲ 증기 기관차의 원리

- 물이 끓으면 증기가 발생한다.
- 석탄을 태워 물을 끓인다.
- 배기가스
- 석탄을 태울 때 생긴 배기가스를 내보낸다.
- 증기의 힘으로 바퀴가 돌아간다.

2. 하늘을 나는 열기구는 누가 만들었어요?

▲자크 엔티엔 몽골피에

공기는 뜨거운 열을 받으면 부피가 늘어나고 무게는 가벼워져요. 그래서 위로 올라가지요. 반대로 열을 빼앗기면 부피가 줄어들고 무게가 무거워져서 아래로 내려가는 거예요.

프랑스의 몽골피에 형제는 이런 공기의 성질을 이용해서 가축을 실은 열기구를 하늘로 날려 보내는 실험을 계획했어요.
천으로 커다란 풍선을 만들고 밑에서 불을 피워 풍선 속을 뜨거운 공기로 가득 채웠어요. 그리고 열기구에 가축을 실어 하늘로 날려 보냈지요. 이 열기구는 3킬로미터 정도 날았어요. 이것이 1783년 6월, 몽골피에 형제가 발명한 열기구예요. 같은 해 11월에는 처음으로 사람을 태우고 9킬로미터 정도 나는 데 성공했어요. 이 일은 사람이 하늘을 난 최초의 비행으로 기록되었답니다.

2 세상을 이어 주는 교통과 통신

인공위성을 처음 발명한 나라는 어디예요?

'인공위성'이란 지구와 같은 *행성의 둘레를 도는 인공 장치예요. 행성을 관측하기 위해 쏘아 올렸지요. 지구 주위에는 통신 위성, 기상 위성, 군사 위성, GPS(위성항법시스템) 위성 등 1000개가 넘는 인공위성이 돌고 있어요. 처음에는 군사적인 목적으로 만들었지만, 오늘날에는 날씨 관측이나 우주 탐사 등의 목적을 위해서도 만들지요. 이런 인공위성을 세계 최초로 발명한 나라는 소련(지금의 러시아)이에요.

통신 위성: 방송 전파, 데이터 통신을 하는 데 쓰인다.

기상 위성: 기압, 기온, 습도 등을 관측한다.

*행성: 태양 주위를 공전하며 스스로 빛을 내지 않는 천체. 수성, 금성, 지구, 화성, 목성 등이 있다.

군사 위성: 정찰, 통신, 군사 시설 보호 등을 한다.

과학 위성: 지구 또는 우주 공간의 탐사나 측정 등을 한다.

GPS 위성: 지구상의 위치를 측정한다.

소련은 1957년에 스푸트니크 1호를 쏘아 올렸어요. 우리나라는 1992년에 첫 번째 인공위성 우리별 1호를 쏘아 올렸고, 이후 무궁화 1호·2호, 아리랑 1호·2호 등도 쏘아 올렸지요.

▲ 스푸트니크 1호 ⓒ NASA

2 인터넷으로 세계를 연결한다고요?

세상을 이어 주는 교통과 통신

우리는 컴퓨터나 스마트폰으로 다양한 정보를 얻고 다른 나라에서 만든 물건을 살 수 있어요. 세계를 연결하고 있는 '인터넷' 덕분이에요. 인터넷이란 전 세계의 컴퓨터가 서로 연결돼 정보를 교환할 수 있는 컴퓨터 통신망을 말해요. 인터넷은 1969년, 미국 국방부에서 몇 대의 컴퓨터를 연결하여 만든 아파넷이라는 통신망에서 시작되었어요.

1989년, 영국의 컴퓨터 공학자 팀 버너스리는
'월드 와이드 웹(World Wide Web)'이란 웹 브라우저를
만들었어요. 웹 브라우저란 인터넷을 통해
다양한 정보를 볼 수 있게 해 주는 인터넷 서비스
프로그램이에요. 월드 와이드 웹을 줄여서
'웹'이라고도 불러요. 우리는 웹을 이용해
정보 검색, 쇼핑, 이메일(전자 우편), 인터넷 전화 등
다양한 일들을 할 수 있어요.

부드러운 화장지는 언제부터 사용했어요?

요즘처럼 향기도 좋고 질도 좋은 화장지가 없던 시절에는 화장실에서 나뭇잎이나 신문지 등을 사용했어요. 거칠거칠한 나뭇잎이나 종이를 사용하면 피부도 상하고, 깨끗하게 닦이지 않아 건강에도 좋지 않았어요. 부드러운 종이를 만드는 연구를 하던 미국의 조셉 가예티는 1857년, 화장실에서 사용하는 용도로 표면이 부드러운 화장지를 발명했어요.

크크크, 내가 부드러운 휴지를 주지!

그로부터 20년 후, 영국의 월터 알콕이 한 장씩 편리하게 끊어 쓸 수 있는 두루마리 화장지를 만들었어요. 화장지는 점점 더 발전해서 오늘날 2겹, 3겹의 두툼한 화장지가 만들어졌고, 물에 녹는 친환경 화장지까지 만들어졌답니다.

3 안경을 쓰면 왜 잘 보여요?

생활을 편리하게 해 주는 **도구와 기계**

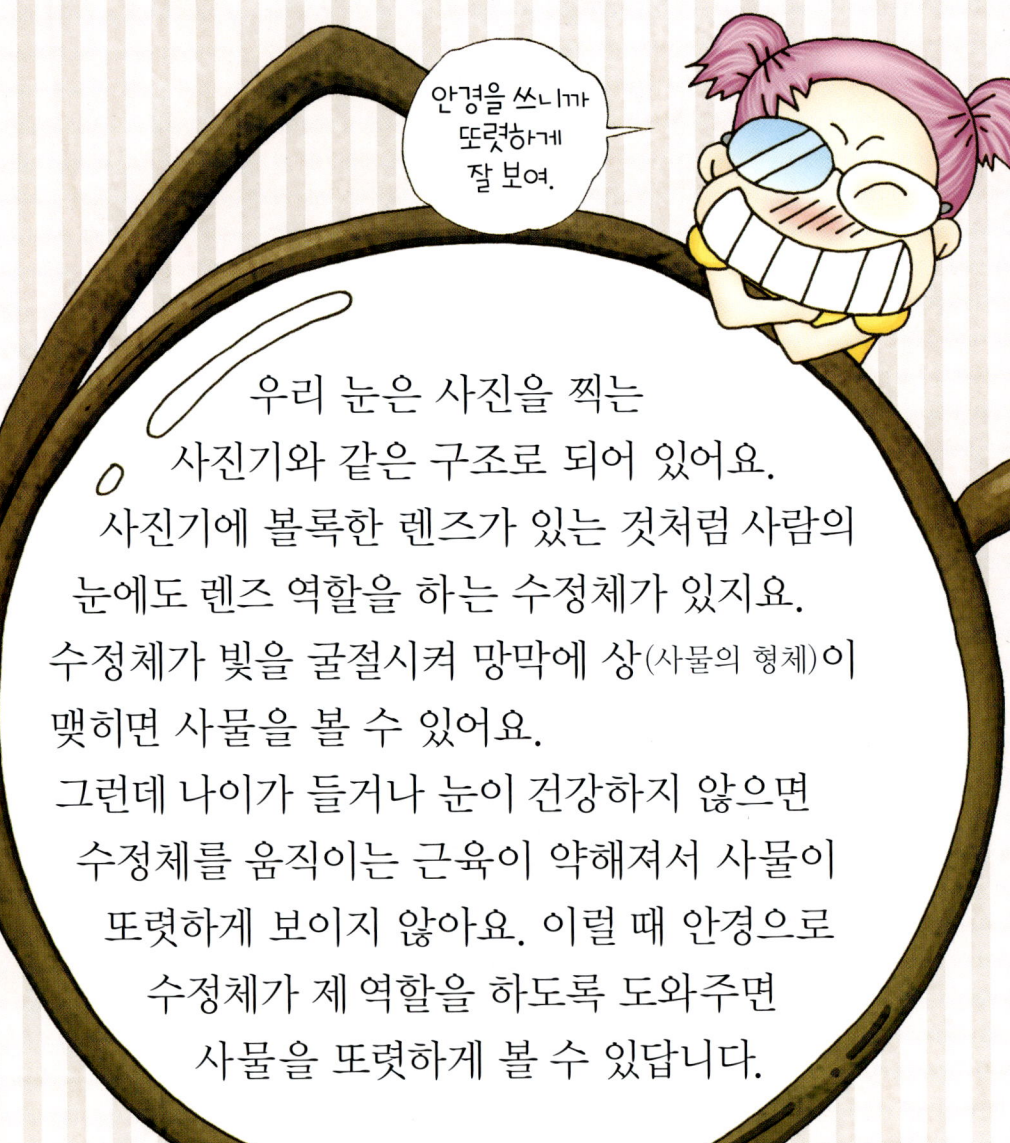

안경을 쓰니까 또렷하게 잘 보여.

우리 눈은 사진을 찍는 사진기와 같은 구조로 되어 있어요. 사진기에 볼록한 렌즈가 있는 것처럼 사람의 눈에도 렌즈 역할을 하는 수정체가 있지요. 수정체가 빛을 굴절시켜 망막에 상(사물의 형체)이 맺히면 사물을 볼 수 있어요.
그런데 나이가 들거나 눈이 건강하지 않으면 수정체를 움직이는 근육이 약해져서 사물이 또렷하게 보이지 않아요. 이럴 때 안경으로 수정체가 제 역할을 하도록 도와주면 사물을 또렷하게 볼 수 있답니다.

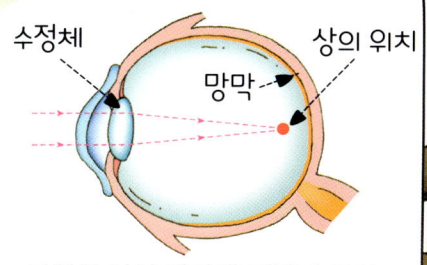

시력이 좋지 않은 눈의 경우

수정체 / 망막 / 상의 위치

물체의 상이 망막에 맺히지 않아 흐릿하게 보인다.

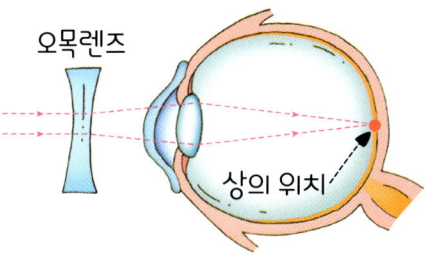

안경에 의해 상의 위치가 조절된 경우

오목렌즈 / 상의 위치

물체의 상이 망막에 맺혀 또렷하게 보인다.

안경은 1280년경 이탈리아에서 처음 만들어졌다고 전해져요. 하지만 누가 만들었는지는 정확히 알려지지 않았어요. 처음에는 안경다리 없이 렌즈 2개를 코에 얹어 사용했어요. 오늘날의 안경처럼 안경다리 끝부분을 귀에 걸 수 있는 안경은 1850년 이후에 등장했답니다.

▲ **안경**이 최초로 등장한 그림, 모데나의 〈위고 대주교의 초상화〉 (1352년)

3 물건을 안전하게 지키는 방법이 있어요?

생활을 편리하게 해 주는 도구와 기계

옛날부터 사람들은 소중한 물건을 집 안에 안전하게 보관할 수 있는 안전장치가 필요했어요. 집 안에 중요한 물건을 두고 밖에 나가기가 아주 불안했거든요. 기원전 2000년경 고대 이집트 사람들이 문을 안전하게 잠글 수 있는 자물쇠를 발명했어요.

▶ 고대 이집트의 자물쇠

이집트 사람들이 자물쇠를 발명했지.

고대 이집트 사원의 벽화에서 거대한 나무 자물쇠 그림이 발견되었어요. 문을 가로질러 걸어 두는 막대기 모양의 빗장 자물쇠였지요. 문을 잠글 때는 빗장의 구멍에 핀을 꽂아 고정시키고, 문을 열 때는 짧은 막대기들이 박힌 열쇠로 핀을 밀어 올리는 방식을 사용했어요.

오늘날에는 자물쇠를 사용하는 방식 외에도 비밀번호를 입력하거나 지문을 인식시키는 등 다양한 방식의 안전장치가 사용되고 있답니다.

▲지문 인식 안전장치

3 단추는 언제부터 사용했어요?

단추의 사용은 기원전 6000년경 고대 이집트에서 시작되었다고 전해져요. 주로 헐렁한 옷을 입었던 고대 이집트 사람들은 길쭉한 뼈나 금속 핀을 옷자락에 끼워서 옷이 벌어지지 않게 고정했어요. 이것이 오늘날 우리가 사용하는 단추의 시초(맨 처음)예요. 이후 단추는 옷을 여미는 기능 외에 장신구(곱게 꾸미는 데 사용하는 물건)로도 사용됐어요.

특히 17세기 유럽에서는 화려한 옷을 만드는 장신구로 단추를 많이 사용했어요. 그리고 금, 은, 보석으로 단추를 만들어 지위나 신분을 나타내는 데도 사용했지요.

오늘날에는 플라스틱, 금속, 유리, 가죽 등의 다양한 재료를 이용한 튼튼하고 실용적인 단추가 만들어졌어요. 모양과 색깔은 더욱 더 다양해졌답니다.

지퍼는 누가 발명했어요?

미국의 휘트콤 저드슨은 아침마다 허리를 숙여 군화 끈을 매는 일이 너무 귀찮았어요. '어떻게 하면 군화 끈을 간편하게 묶을 수 있을까?' 고민하던 그는 좋은 아이디어를 생각해 냈어요. 1891년, 다니던 회사까지 그만두고 연구에 몰두한 저드슨은 드디어 '지퍼'를 발명했어요. 그런데 갈고리 모양으로 맞물리게 되어 있는 저드슨의 지퍼는 툭 하면 맞물린 부분이 풀려서 불편했어요.

1912년, 저드슨의 조수로 일하던 기드온 순드바크가 지퍼를 더욱 편리하게 발전시켰어요. 각진 톱니를 촘촘하게 달아서 지퍼가 단단히 맞물리도록 했지요. 새로운 지퍼는 잘 풀리지도 않고 편리해서 옷, 가방, 신발 등 많은 생활용품에 사용되었답니다.

▲오늘날의 **지퍼**

저드슨이 발명한 지퍼는 지금의 지퍼와는 다르게 생겼네?

▲**저드슨**이 발명한 **지퍼**

바코드를 찍으면 무엇을 알 수 있어요?

가게나 마트의 직원이 상품에 그려져 있는 막대기 무늬에 기계를 대면 삑- 하고 소리가 나요. 그러면 상품의 이름과 가격이 컴퓨터 화면에 나타나지요. 이러한 막대기 무늬를 '바코드'라고 해요. 바코드란 상품의 이름, 가격, 제조 회사와 같은 정보를 컴퓨터가 읽을 수 있도록 암호화한 컴퓨터 기호예요.

바코드는 1940년대 말에 미국의 버나드 실버와 노먼 우드랜드가 '모스 부호(점과 선으로 문자와 기호를 나타내는 전신 부호)'를 응용해서 발명했어요. 점은 가는 선으로 바꾸고 선은 굵은 선으로 바꾸어 만들었지요. 바코드를 읽는 바코드 인식기(스캐너)가 개발되면서 바코드 기술은 널리 쓰이게 되었답니다.

삐―

8 801073 102743

우리나라 A회사에서 만든 750원짜리 라면이군.

③ 동전에 어떤 그림을 새겼어요?

생활을 편리하게 해 주는 도구와 기계

▲ 포전

금속을 녹여 만든 화폐(돈)를 동전이라고 해요. 동전을 가장 먼저 사용한 나라는 고대 중국이에요. 기원전 8세기경, 중국에서는 청동으로 만든 '포전(삽 모양의 동전)'을 사용했어요.

고대 리디아(지금의 터키)에서는 기원전 6세기경부터 동전을 사용했지요. 왕을 상징하는 사자 머리나 소중한 것들을 새겨 넣은 동전이었어요.

금형(모양틀)을 얹어 망치로 때리면 모양이 새겨지지.

탕탕

▲ 고대 리디아의 동전

고대 그리스에서는 동전에 아테네 시의 상징인 올빼미, 그리스 신화에 나오는 신 등을 새겨 넣었어요. 우리나라에서는 기원전 169년에 처음 동전을 만들었다고 전해지는데 현재는 남아 있지 않아요. 현재 남아 있는 우리나라에서 가장 오래된 동전은 996년, 철로 만든 '건원중보'예요. 동그란 모양에 네모난 구멍이 뚫려 있으며 앞면에 건원중보라는 글씨가 새겨져 있답니다.

▲ **건원중보**
제공: 국립중앙박물관

▲ **고대 그리스의 동전**

동전이 있어서 정말 편리하네요.

자~, 여기 물건 있습니다.

최초의 지폐는 무엇이에요?

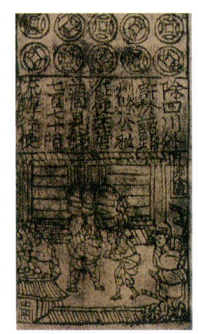

▲ 교자

종이로 만든 화폐를 '지폐'라고 해요. 종이가 없었던 옛날에는 질긴 동물의 가죽을 화폐로 사용했어요. 가장 오래된 가죽 화폐는 중국 한무제(한나라의 제7대 황제) 때 사용된 화폐였지요.

종이의 발명 이후 10세기 후반에 중국에서는 '교자'라는 최초의 지폐가 만들어졌어요. 교자는 처음에는 상인들이 사용하다가 나중에는 나라에서 관리했어요. 그 후 시간이 흐르면서 교초라고 불리는 지폐로 발전했지요.

지폐가 본격적으로 사용된 것은 13세기 원나라의 세조 때였어요. 세조는 '지원통행보초'라는 지폐를 발행하여 유럽 지역까지 널리 사용하게 했어요. 그 후 전 세계적으로 다양한 종류의 지폐가 만들어지고 사용되었지요.

▲지원통행보초

종이로 만든 지폐는 잘 찢어지고 구겨져서 쉽게 낡았어요. 그래서 요즘에는 종이보다 질긴 노일이라는 면 섬유로 지폐를 만들고 있답니다.

3. 투명한 유리는 어떻게 만들어요?

유리의 역사는 아주 오래되었어요. 오래전의 유리는 대부분 불투명한 색유리였다고 해요. 오늘날 우리가 사용하는 투명한 유리는 기원전 2000년경부터 사용했다고 전해지고 있어요. 그 후 기원전 1세기경, 고대 로마에서는 녹인 유리를 금속관에 대고 불어 모양을 만드는 '유리 불기 기법'이 발명되었어요. 이 발명으로 유리 제품이 널리 쓰여지게 되었지요.

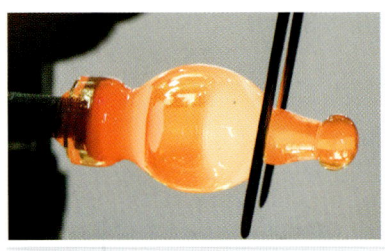

▲ 유리를 만드는 모습

오잉? 이걸로 유리를 만든다고?

모래, 석회 가루 등을 잘 섞는다.

1600℃의 고온에서 녹인다.

투명하게 빛나는 유리는 모래로 만들어요. 모래 속에 있는 수많은 석영 알갱이에 소다 석회 등을 섞어서 약 1600℃의 뜨거운 불에 녹이면, 흐물흐물한 물엿처럼 되지요. 이것을 원하는 모양으로 만든 후 식히면 투명한 유리병, 유리컵, 유리창 등 다양한 모양의 유리 제품이 만들어진답니다.

거울은 언제부터 사용했어요?

세수할 때도 보고, 옷을 입을 때도 보고, 머리를 빗을 때도 보는 거울. 우리는 하루에도 몇 번씩 거울을 보며 생활해요. 거울의 역사는 아주 오래되었어요. 돌을 쪼개서 도구로 사용하던 원시 시대에도 돌로 만든 거울이 있었으니까요. 아주 오랜 옛날에는 검은색의 광택이 나는 흑요석을 매끈매끈하게 갈아서 거울로 사용했어요. 점차 구리, 청동, 철 같은 것을 매끈하게 갈아서 거울로 이용했지요.

16세기 중반에는 이탈리아의 베네치아에서 유리 표면을 은으로 코팅하여 거울을 만드는 기술이 개발되었어요. 이 기술은 유럽 곳곳에 전파되었지요. 하지만 코팅 작업이 매우 어렵고 위험해서 당시의 거울은 부자만 쓸 수 있는 사치품이었어요.

▲ **청동 거울** 제공: 국립중앙박물관

흑요석 거울

구리거울

청동 거울

이 중에서 어떤 것을 쓸까?

이후 거울 만드는 기술이 발전해 대량 생산이 가능해졌고, 19세기부터는 누구나 사용하는 생활용품이 되었어요.

오늘날의 거울은 아주 선명하게 보이지.

최초의 전지는 누가 발명했어요?

1780년, 이탈리아의 생물학자 루이지 갈바니는 개구리 해부 실험을 하고 있었어요.
개구리 다리에 칼을 대자 개구리 다리가 움찔하며 움직였어요.
'개구리 다리 근육이 전기를 만들어 내는군!'
갈바니는 개구리 다리 근육이 미세한 전기 에너지를 만들어 낸다고 생각했어요.

오호~! 개구리 다리가 전기를 만드나 봐!

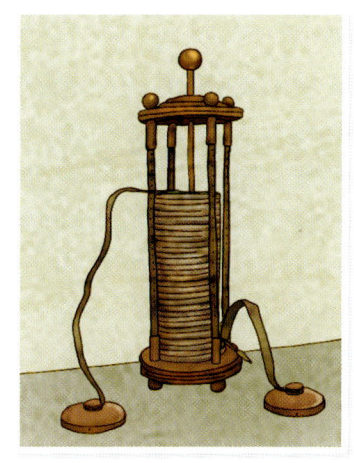

▲ 볼타 전지

이탈리아의 물리학자 알레산드로 볼타도 같은 실험을 했어요. 그런데 금속을 대도 개구리가 움직이지 않는 거예요.
이 실험으로 볼타는 갈바니의 실험에서는 서로 다른 종류의 금속들이 만나 전기가 발생했지만, 자신은 같은 종류의 금속으로 실험했기 때문에 전기가 발생하지 않았다는 사실을 알게 되었어요.
볼타는 오랜 연구 끝에 1800년, 금속의 화학 반응을 이용한 최초의 '전지'를 발명했어요.
이 원리로 오늘날의 건전지가 만들어졌지요.

아니야! 서로 다른 금속인 접시와 칼이 전기를 만들어 내는 거야!

3 자동판매기 속 물건은 어떻게 나와요?

최초의 자동판매기는 기원전 215년경, 이집트의 한 성전에 설치된 성수(종교 의식 때 사용하는 물) 자판기예요. 하지만 누가 만들었는지 정확한 기록은 남아 있지 않아요. 기원후 1세기 무렵에는 그리스의 발명가 헤론도 성수 자동판매기를 만들었어요. 이 성수 자판기에는 지렛대의 원리가 숨어 있었어요. 동전을 넣으면 숟가락 모양의 막대 끝에 동전이 떨어지고, 이 무게 때문에 막대의 반대쪽이 위로 올라가요. 막대의 반대쪽이 올라가면서 구멍을 막고 있던 마개가 딸려 올라가 구멍이 열리며 성수가 흘러나와요. 동전이 바닥에 떨어지면 다시 마개가 내려와 구멍을 막지요.

동전을 넣으면 성수가 나오는 자동판매기야.

▲오늘날의 **자동판매기**

오늘날의 자동판매기는 동전이나 지폐를 넣고 버튼을 누르면 안에 있는 컴퓨터 장치들이 움직여 손님이 원하는 물건을 내어 줘요. 음료, 과자, 지하철 승차권, 입장권 등 자동판매기가 파는 물건의 종류도 매우 다양해졌어요.

나, 오티스가 발명한 안전한 엘리베이터야.

엘리베이터는 어떻게 움직여요?

오늘날의 엘리베이터는 아파트, 마트, 병원 등에서 누구나 이용할 수 있어요. 하지만 1743년에 만들어진 최초의 엘리베이터는 프랑스의 왕 루이 15세만을 위해서 만들어졌지요. 베르사유 궁전에 있었던 이 엘리베이터는 '나는 의자(flying chair)'라는 이름으로 불렸고, 도르래의 원리로 움직였어요.
도르래는 바퀴에 홈을 파 줄을 걸은 뒤, 그 줄을 돌려 물건을 움직이는 장치를 말해요.
'나는 의자'는 굴뚝에 도르래를 매달고 사람이 기다리고 있다가,

▲오늘날의 엘리베이터

왕의 지시에 따라 밧줄을 당기거나 밀어서 의자를 움직였어요. 하지만 이렇게 만들어진 엘리베이터는 밧줄이 자주 끊어져 매우 위험했지요.

1854년, 미국의 기술자 엘리샤 오티스가 세계 최초로 줄이 끊어져도 떨어지지 않는 안전한 엘리베이터를 발명했어요. 이후 사람들은 안전하게 엘리베이터를 이용할 수 있게 되었답니다.

도르래

웅—

추

엘리베이터는 도르래의 원리로 움직이는 거야.

버튼만 누르면 내 맘대로 된다고요?

텔레비전이나 에어컨 등의 물건을 작동시킬 때 '리모컨'을 사용하면 편리해요. 리모컨은 리모트 컨트롤러의 줄임말로, 원격 조정 장치라는 뜻이에요. 원격 조정 장치란 멀리 떨어진 곳에 신호를 보내서 기계를 조종하는 것을 말하지요. 리모컨은 우리 눈에 보이지 않는 빛으로 기계에 신호를 전달해요.

우리가 사용하는 리모컨은
1906년, 에스파냐의 발명가
'레오나르도 토레스
이 케베도'가 만들었어요.
그는 수많은 사람들 앞에서
자신이 만든 텔레키노라는 리모컨 장치로
항구에 있는 배를 움직였어요. 이후 사람들에게
리모컨이 알려지게 되었고 널리 사용되었지요.

▲ **무선 리모컨들**

전자레인지는 어떻게 발명되었어요?

전자레인지에 음식을 넣고 버튼만 누르면 금세 음식이 따뜻해져요. 전자레인지에서 나오는 '마이크로파(전자기파의 한 종류)'가 음식 속의 물 분자를 떨리게 하면 뜨거운 열이 나기 때문이에요. 마이크로파의 이런 특성을 발견한 사람은 미국의 과학자 퍼시 스펜서예요.

1945년, 군사용 레이더에 사용되는 '마그네트론'이라는 진공관을 실험하던 스펜서는 자신의 주머니에 넣어 둔 초콜릿이 녹아 있는 것을 보았어요.

마이크로파가 음식 속의 물 분자를 가열해 데우는 거야.

그리고 마그네트론이 만들어 내는 마이크로파가 초콜릿을 녹일 수 있다는 것을 알게 되었지요. 이후 스펜서는 마그네트론을 연구해서 음식을 데우는 전자레인지를 발명했답니다.

▲ 전자레인지

정수기는 어떻게 깨끗한 물을 만들어요?

▲ 정수기

옛날 사람들은 깨끗한 강물이나 우물물을 마셨어요. 이후 환경 오염이 심해지자 물을 끓여 마시거나 숯 또는 황토로 걸러서 마시게 되었어요. 요즘에는 물을 맑게 걸러 주는 정수기를 사용하기도 하지요. 정수기는 1940년대, 제2차 세계 대전 중이던 미국의 해군이 발명했어요. 오랫동안 전쟁을 치르는 군인들은 마실 물이 필요했거든요.

정수기로 들어간 수돗물은 여러 개의 필터를 거쳐서 깨끗한 물이 돼요. 필터는 물속의 불순물(순수하지 않은 물질)을 걸러 내는 '활성탄', 작은 세균을 걸러 내는 '부직포' 등으로 구성되어 있어요.

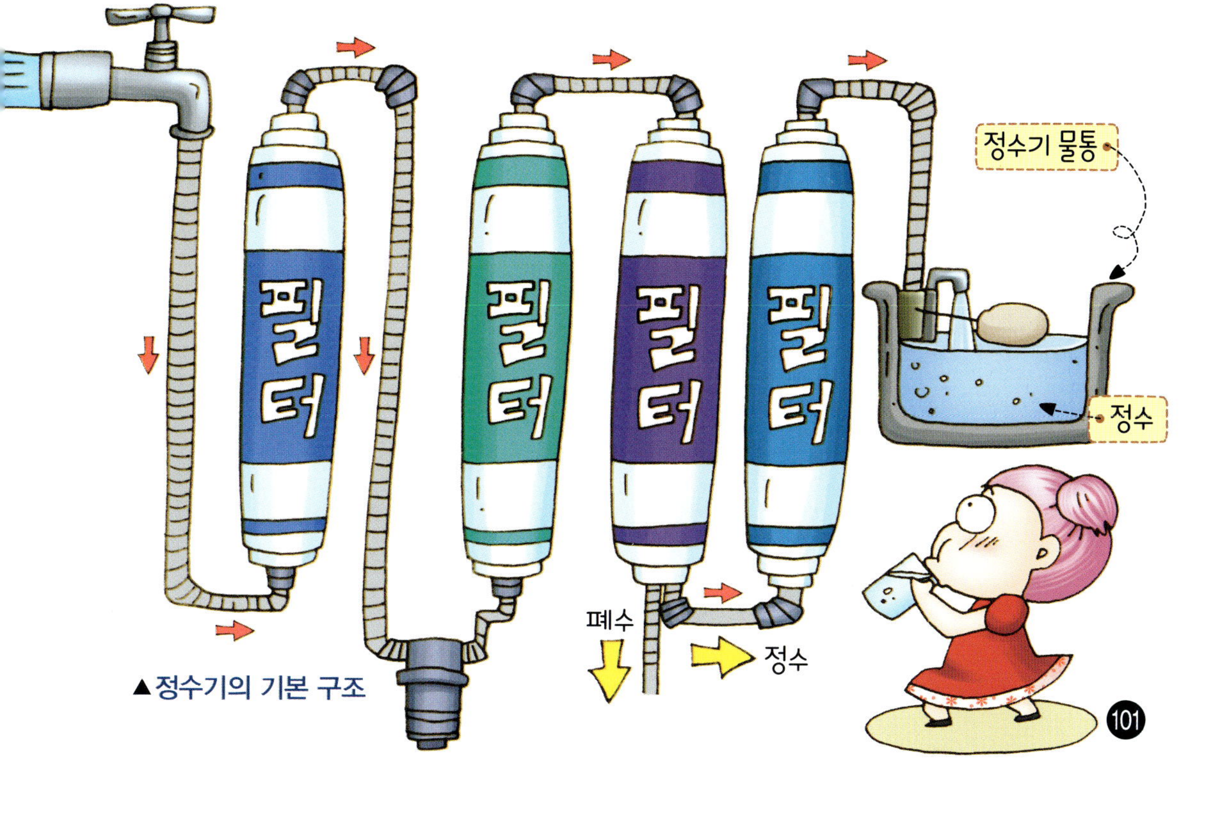

▲ 정수기의 기본 구조

3 청소기는 어떻게 발전했어요?

생활을 편리하게 해주는 도구와 기계

바닥을 굴러다니는 먼지나 머리카락을
쏙쏙 빨아들이는 진공청소기!
영국의 발명가 허버트 세실 부스는 1901년,
전기 모터를 이용한 진공청소기를 발명했어요.
강력한 전동 펌프로 흡입한 공기를 천으로 만든
필터에 통과시키는 원리였지요.
부스가 만든 진공청소기는 크기가 크고
시끄러워서 집에서는 사용할 수가 없었어요.
집에서 사용하는 소형 진공청소기는 1907년,
미국의 제임스 스팽글러가 만들었어요.

으악!
이 쓰레기들과
먼지 좀 봐.

크기가 작아져서 사용이 편리해진 진공청소기는 생활필수품이 되었어요.

손잡이
청소봉
호스
먼지 흡입구

내가 쓰레기들과 먼지를 모두 처리해 주마.

▲ 진공청소기의 구조

요즘에는 진공청소기에 다양한 기능이 더해진 새로운 청소기들이 나오고 있어요. 뜨거운 스팀으로 더 깨끗하게 청소하는 스팀 진공청소기, 자동으로 돌아다니며 스스로 청소하는 로봇 청소기 등도 있답니다.

▲ 로봇 청소기

3 냄새가 올라오지 않는 변기는 누가 발명했어요?

물로 똥오줌을 내려보내는 변기를 '수세식 변기'라고 불러요. 수세식 변기는 기원전 2300년경, 고대 메소포타미아의 수메르 인들이 처음 사용했다고 전해져요. 옛날에 만들어진 수세식 변기는 내려간 똥오줌의 냄새가 많이 올라왔어요. 하지만 오늘날의 수세식 변기는 냄새가 올라오지 않지요. 1775년, 영국의 시계 기술자 알렉산더 커밍스는 오늘날의 수세식 변기를 발명했어요. 커밍스의 수세식 변기는 물통에 있는 물을 변기에 쏟아 내려 변기 아래에 설치한 S자 모양의 트랩(악취가 올라오는 것을 막아 주는 장치)에

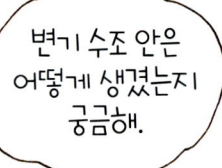

변기 수조 안은 어떻게 생겼는지 궁금해.

물이 고이도록 한 뒤, 똥오줌을 하수관으로 흘려보내는 원리를 이용했어요. S자 트랩에 고인 물이 똥오줌의 냄새가 올라오는 것을 막아 주기 때문에 냄새가 안 나고 깨끗한 변기를 사용할 수 있었지요.

손잡이

뚜껑

수조(물통)

고무 마개

손잡이를 누르면 고무 마개가 위로 올려져서 물이 내려가.

S자 트랩

배수관

풍덩 쏴아

3 생활을 편리하게 해 주는 도구와 기계

온도에 따라 늘었다 줄었다 한다고요?

1593년, 이탈리아의 과학자 갈릴레오 갈릴레이는 '갈릴레이 기체 온도계'를 만들었어요. 갈릴레이 기체 온도계는 주전자에 포도주를 넣고 유리관을 거꾸로 세운 모양이에요. 온도가 높아지면 부피가 늘어나고, 온도가 낮아지면 부피가 줄어드는 공기의 원리를 이용했지요. 이 원리를 이용한 갈릴레이 기체 온도계는 주위가 더워지면 유리관 속 공기의 부피가 늘어나 포도주를 아래로 밀어 내려요. 반대로 추워지면 공기의 부피가 줄어들어 포도주를 위로 당겨 올리지요.

온도가 올라갈 때

공기가 들어 있는 유리관

공기의 부피가 늘어나 액체를 밀어 내린다.

◀ 갈릴레이 기체 온도계

이후 많은 사람들이 연구한 끝에 더 정확하고 부피도 작은 온도계들이 등장했어요. 그중 알코올 온도계와 수은 온도계가 지금까지 널리 사용되고 있지요. 갈릴레이의 온도계가 온도에 따른 기체의 팽창을 이용한 거라면, 알코올과 수은 온도계는 온도에 따른 액체의 팽창을 이용한 거예요. 모양과 재료는 다르지만 모두 갈릴레이 기체 온도계의 원리를 바탕으로 하고 있답니다.

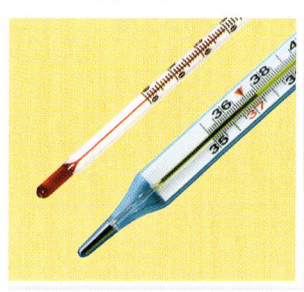

▲알코올 온도계와 수은 온도계

아하! 온도가 올라가면 갈릴레이 기체 온도계의 액체는 아래로 내려가고, 액체 온도계의 액체는 위로 올라가는구나!

공기의 부피가 줄면서 액체를 당겨 올린다.

공기가 들어 있는 유리관

온도가 내려갈 때

보온병의 코코아는 왜 식지 않아요?

▲보온병

보온병에 뜨거운 코코아를 담아 놓으면 몇 시간이 지난 후에도 따뜻한 코코아를 마실 수 있어요. 또 차가운 물도 보온병에 담아 놓으면 시간이 지나도 시원하게 마실 수 있지요.

뜨거운 것은 뜨거운 대로, 차가운 것은 차가운 대로 온도를 유지해 주는 보온병은 1892년, 영국의 화학자 제임스 듀어가 발명했어요. 그리고 듀어와 함께 연구했던 레인홀트 부르거가 1903년, 유리 용기로 가정용 보온병을 만들어 큰 인기를 얻었지요. 하지만 유리 보온병은 무겁고 쉽게 깨지는 단점이 있었어요. 이후 유리 보온병의 단점을 보완하여 쉽게 깨지지 않는 스테인리스 보온병이 나왔고, 뒤이어 스테인리스보다 훨씬 가벼운 티타늄으로 만든 보온병이 등장했어요.

피아노에서는 어떻게 소리가 나요?

▲ 하프시코드

피아노는 사람들이 좋아하는 악기 중 하나예요. 연주하기도 쉽고, 풍성하고 아름다운 소리를 내니까요. 피아노가 만들어지기 전에도 건반을 이용한 '하프시코드'라는 악기가 있었어요. 하프시코드는 지금의 피아노와 달리 소리의 강약을 조절하는 데 어려움이 있었어요. 바르톨로메오 크리스토포리는 하프시코드가 사람의 감정을 표현하기에는 부족하다고 생각했어요. 그 후 1709년, 페달이 있어 소리의 강약을 조절할 수 있는 피아노를 발명했지요.

커다란 피아노 속에는 수십 개의 줄이 팽팽하게 당겨져 있어요. 건반을 치면 피아노 속에 있는 해머가 이 줄을 쳐서 소리를 만들어 내지요. 수많은 음을 낼 수 있고 강약을 조절할 수 있는 피아노는 아름다운 음악을 자유롭게 표현할 수 있는 훌륭한 악기예요.

축음기는 누가 발명했어요?

미국의 발명가 토마스 에디슨은 사람의 목소리를 저장하는 방법을 연구하다가 1877년에 축음기를 발명했어요. 축음기는 녹음한 소리를 다시 들려주는 음향 장치를 말해요. 에디슨은 자신이 만든 축음기에 '포노그래프'라는 이름을 붙였어요.

▲ 토마스 에디슨

포노그래프는 주석으로 만든 포일을 씌운 원통을 돌리면 소리의 진동에 의해 바늘이 포일에 자국을 내고, 그 자국에 다시 바늘을 대면 녹음된 소리가 들리도록 만들어졌어요.

그로부터 10년 후, 에밀 베를리너라는 발명가가 얇은 원판형의 축음기인 그라모폰을 발명했어요. 이후 기술이 발전해 엘피(LP)판으로 소리를 들려주는 전축(전기 축음기), 콤팩트디스크(CD) 플레이어, 엠피스리(MP3) 플레이어 등도 등장했어요.

카메라는 어떻게 사진을 찍어요?

어두운 방에 작은 구멍을 뚫고 구멍으로 빛이 들어가게 해 보세요. 구멍을 통해 들어간 빛은 빛의 직진 성질 때문에 반대편 벽에 닿아 바깥 풍경을 거꾸로 만들어 내지요. 이런 현상이 일어나는 어두운 방을 '카메라 옵스큐라'라고 해요. 카메라 옵스큐라는 카메라의 어원(어떤 말이 생겨난 근원)이에요. 카메라 옵스큐라를 살펴보면 오늘날의 카메라 원리를 알 수 있지요.

▲ 니에프스가 찍은 **최초의 사진**

카메라 옵스큐라는 화가들이 초상화나 풍경화를 정밀하게 그릴 때 사용되었고, 점점 크기가 작아져서 가지고 다니기도 했어요.

1826년, 프랑스의 발명가 조제프 니세포르 니에프스가 카메라 옵스큐라의 원리로 최초의 사진을 찍는 데 성공했어요. 카메라 옵스큐라에 8시간 동안 빛을 쬐어 얻은 풍경 사진이었지요. 이후 사진 기술의 발달로 필름을 넣어 사용하는 필름 카메라가 만들어졌고 이미지 센서를 이용해 영상을 기록하는 디지털 카메라도 만들어졌어요.

3 생활을 편리하게 해 주는 도구와 기계

"나는 주사기 발명가! 야호~!"

따끔한 주사기는 누가 발명했어요?

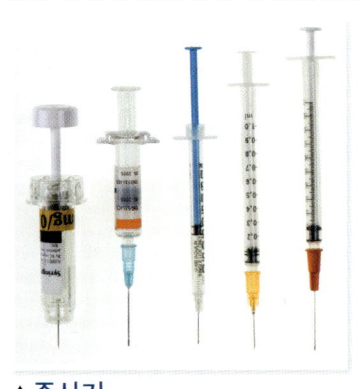

▲ 주사기

눈물이 찔끔 날 만큼 따끔한 주사기! 주사를 맞는 게 무서워서 병원에 가기 싫어하는 사람들이 많아요. 뾰족한 주삿바늘은 어른들도 겁먹게 만들지요. 하지만 주사기는 소중한 도구예요. 먹는 약으로는 치료하기 힘든 병을 고쳐 주는 고마운 도구거든요.

▶ 주사기의 구조

- 약물을 담는 주사통
- 주사통에서 약물을 밀어내는 피스톤
- 혈관이나 근육 등에 약물을 넣는 주삿바늘

1853년, 프랑스의 의사 '샤를 프라바즈'와 영국의 의사 '알렉산더 우드'가 피부 속에 직접 약물을 넣는 주사기를 발명했어요. 주사기의 발명으로 약을 삼킬 수 없는 환자들도 치료를 받을 수 있게 되었지요. 주사기는 약이 소화액(소화를 돕기 위해 분비되는 액체) 때문에 변해서 효과가 떨어지거나, 약 때문에 소화기에 상처를 입는 경우에 효과적으로 쓰이게 되었어요.

콕!

아얏!

청진기로 무슨 소리를 들을 수 있어요?

프랑스의 의사 르네 라에네크는 환자의 몸속에서 나는 작은 소리들을 자세히 듣고 싶었어요. 심장에서 나는 소리, 폐에서 나는 소리를 들으면 환자의 아픈 곳을 좀 더 정확히 알 수 있으니까요. 라에네크는 종이를 돌돌 말아 사람들의 가슴에 대고 한쪽 귀로 소리를 들어 보았어요. 소리가 고체를 통과할 때 더 크게 들린다는 것을 알게 된 라에네크는 1816년, 나무로 된 긴 원통형의 청진기를 만들었어요. 이것을 이용해 환자의 몸속에서 나는 소리를 좀 더 크고 정확하게 들을 수 있었지요.

1851년에는 아일랜드의 의사 아서 레아레드가 두 귀로 듣는 청진기를 만들었어요. 이것이 오늘날의 청진기예요. 청진기의 다이아프램은 몸속에서 나는 고음을 듣는 데 사용하고, 벨은 저음을 듣는 데 사용하지요.

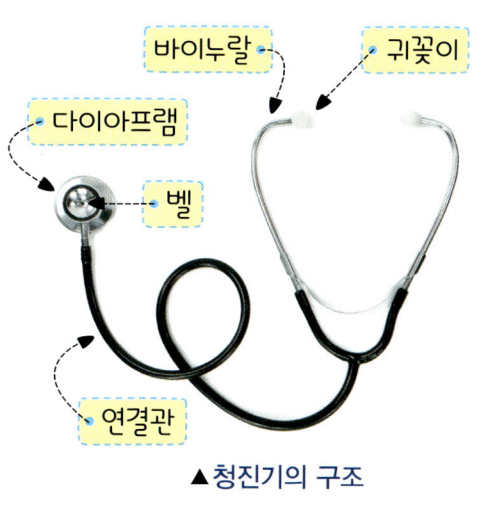

▲ 청진기의 구조

3 생활을 편리하게 해 주는 도구와 기계

"나는야, X선!"

엑스선 사진은 누가 처음 찍었어요?

1895년, 독일의 물리학자 빌헬름 뢴트겐이 발견한 '엑스선(X-ray)'은 아주 특별한 전자기파 중의 하나예요. 눈에 보이지는 않는 광선이라고 불리는 엑스선은 물질을 그대로 통과할 수 있는 특성을 지니고 있어요. 사람의 피부나 살도 통과할 수 있지요. 하지만 금속이나 뼈처럼 단단한 것은 통과하지 못해요.

▲ 빌헬름 뢴트겐

• 플라스틱

"플라스틱 통과 성공!"

▲ 최초의 엑스선 사진

3 생활을 편리하게 해 주는 **도구와 기계**

나는 사람의 몸속에 들어가는 카메라야.

뭐? 몸속에 들어간다고?

몸속을 여행하는 카메라가 있어요?

1868년, 독일의 의사 아돌프 쿠스말이 금속관에 카메라를 달아 어느 환자의 식도와 위를 관찰했어요. 하지만 그 후 딱딱한 금속관이 목구멍으로 들어가는 것을 견딜 수 있는 사람은 거의 없었지요.
1958년, 미국의 바질 이삭 헬슈위츠가 부드럽게 휘어지는 유리 섬유관에 카메라를 단 내시경을 만들었어요.

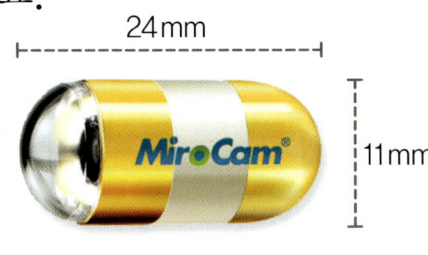

▲ 캡슐형 내시경
제공: 인트로메딕

중국인들은 왜 불꽃놀이를 좋아했어요?

밤하늘을 반짝반짝 아름답게 장식하는 불꽃놀이! 불꽃놀이는 폭죽을 공중으로 쏘아 올려 불꽃이 일어나게 하는 거예요. 폭죽은 대나무나 종이로 만든 통에 화약을 넣어 만들어요. 불을 붙이면 화려한 불꽃과 함께 펑 하고 요란한 소리가 나지요.
폭죽에 사용된 화약은 7세기경 중국에서 발명됐다고 전해져요. 중국 사람들은 폭죽을 터뜨리면 나쁜 귀신들이 깜짝 놀라 멀리 도망간다고 믿었어요. 그래서 새해 첫날이 되면 수많은 폭죽을 터트렸지요.
중국의 화약과 불꽃놀이는 13세기경 서양으로 전해졌어요. 서양에 전해진 화약은 처음에는 불꽃놀이에 쓰이다가 이후에는 대포 같은 무기를 만드는 데 사용되었답니다.

으악, 도망가자~! 폭죽 소리가 제일 무서워!

오줌이 비누로 사용되었어요?

고대 로마 인들은 오줌을 사용해서 빨래를 했어요. 오줌 세탁부가 도시 곳곳에서 모아 온 오줌을 표백토라는 찰흙과 섞어서 옷을 빨았다고 해요. 비누를 처음 사용한 사람들은 기원전 2500년경 메소포타미아의 수메르 인들이에요. 그들은 나무를 태워 생긴 재를 산양 기름에 섞어 비누를 만들었어요. 하지만 비누는 재료가 비싸고 만드는 시간도 오래 걸려서 귀족이나 왕족만 사용할 수 있었어요.

▲오늘날의 **비누**

우리는 오줌 세탁부! 발효된 오줌으로 빨래를 하지.

1775년경, 위생 상태가 좋지 않던 프랑스에
피부병과 전염병이 돌자 비누가 많이 필요했어요.
누구나 사용할 수 있는 비누가 필요하다고 생각한
화학자 니콜라 르블랑은 1790년,
값이 싼 소금으로 세탁용 소다를 만들었어요.
그 후 르블랑의 비누는 널리 사용되었고
피부병과 전염병은 크게 줄었답니다.

으윽, 지독해~.

오줌 속에 있는
암모니아 때문에
오줌 세탁부들은
피부염을 많이 앓았지.
아이고, 냄새야~.

돼지 털로 칫솔을 만들었다고요?

1500년경, 중국 사람들은 까칠까칠한 돼지 털로 칫솔을 만들어 썼어요. 대나무나 동물 뼈로 만든 손잡이에 돼지 털을 붙인 칫솔이었지요. 당시의 칫솔은 귀족들만 사용할 수 있는 귀한 물건이었어요. 돼지 털 칫솔은 유럽으로 전해지면서 좀 더 많은 사람이 사용하게 되었어요. 하지만 유럽에서도 매우 비쌌기 때문에 보통 사람들은 사용하지 못했지요.

1938년, 미국의 듀폰이라는 회사에서 돼지 털 대신 나일론이라는 합성 섬유로 칫솔을 만들었어요. 더욱 부드럽고 저렴해진 칫솔은 누구나 매일매일 사용하는 생활필수품이 되었답니다.

까칠까칠한 돼지 털 칫솔이 있었어.

윽, 아프다.

4 가발은 언제부터 썼어요?

생활 속 아이디어 **신기한 발명**

감고, 말리고, 빗어야 하는 머리카락!
귀찮을 때도 있지만 머리카락이 풍성하게 자라는 것은
고마운 일이에요. 머리카락은 햇빛을 가려주고 추위를
막아 피부를 보호해 주거든요. 또 머리카락의 모양을
다듬어 예쁜 모습을
뽐낼 수도 있어요.
머리카락을 대신하는
가발은 아주 먼 옛날,
고대 이집트 사람들이
발명했어요.
사람의 머리카락으로
만들기도 하고,
양이나 말 같은
동물의 털로
만들기도 했지요.

17세기엔 가발이 매우 유행했었지.

▲ 루이 13세의 초상화

가장 인기 있는 가발의 색깔은 검은색과 갈색이었어요. 점차 빨간색, 파란색 등 다양한 색깔의 가발이 나왔지요.
17세기, 프랑스의 왕 루이 13세는 머리카락이 빠지는 것을 고민했어요. 그래서 가발을 쓰기로 했지요. 왕이 가발을 쓰자 신하들이 하나둘 따라서 쓰기 시작했고, 가발의 유행은 유럽 전체로 퍼져 나갔답니다.

남녀 모두 다양한 모양의 가발을 썼어.

4 생활 속 아이디어 신기한 발명

낙하산은 누가 발명했어요?

1485년, 이탈리아의 과학자 레오나르도 다빈치가 낙하산의 설계도를 그렸어요. 오늘날의 낙하산과 거의 비슷한 구조의 설계도였지만 낙하산으로 만들어지지는 못했지요. 그 후 1617년, 파우스토 베란치오라는 발명가가 다빈치의 설계도로 최초의 낙하산을 만들었어요.

1783년, 프랑스의 루이 르노르망은 우산 2개를 펼쳐 들고 높은 곳에서 뛰어내렸어요. 아래로 떨어지는 낙하산이 공기의 저항을 받아 안전하게 떨어질 수 있다는 것을 보여 준 거예요. 이렇게 해서 낙하산의 원리가 많은 사람에게 알려지게 되었어요.

최초의 잠수복은 어떻게 생겼어요?

4 생활 속 아이디어 신기한 발명

바다 탐험가들은 바닷속을 마음껏 탐험하기 위해 물속에서도 숨을 쉴 수 있는 장치가 필요했어요. 1715년, 영국의 존 레스브리지가 최초의 잠수복을 만들었어요. 이 잠수복은 나무통처럼 생겼고 앞쪽에 밖을 볼 수 있는 유리창이 나 있었어요.

최초의 잠수복을 입고 30분 동안 잠수했지.

잠수복의 머리 부분에 달린 관이
물 위의 배와 연결되어 있어 물속에서도
숨을 쉴 수 있었지요.

공기통
마우스피스
▲애퀄렁

1943년, 프랑스의 해저 탐험가 자크이브 쿠스토는
발명가 에밀 가냥과 함께 '애퀄렁'이라는
잠수용 호흡기를 발명했어요. 애퀄렁은 압축 공기가
들어 있는 공기통과, 입에 물고 공기를 흡입할 수 있는
마우스피스 등으로 구성되어 있어요.
애퀄렁의 발명으로 물속을 훨씬 자유롭게 헤엄칠 수
있게 되었고, 스쿠버 다이빙도 즐길 수 있게 되었답니다.

롤러스케이트는 누가 발명했어요?

미국의 제임스 플림튼은 가구 회사의 영업 사원이었어요. 매일매일 바쁘게 돌아다니며 일을 하다가 그만 신경통에 걸려 병원에 가게 되었어요. 의사는 신경통을 치료하기 위해서는 운동을 해야 한다며 스케이트를 타라고 권했어요.
플림튼은 겨울 동안 얼음판 위에서 열심히 스케이트를 탔어요. 운동을 한 덕분에 통증이 많이 줄어들었지요. 하지만 봄이 되면서 스케이트를 탈 수 없게 되었어요.

일 년 내내 스케이트를 탈 수 있는 방법을 고민하던 어느 날, 플림튼은 바퀴가 달린 장난감 위에 발을 올리고 노는 아이들을 보게 되었어요.
아이들의 모습에서 아이디어를 얻은 플림튼은 신발에 바퀴를 달아 특허를 냈어요. 이렇게 해서 1863년, 바퀴 달린 신발 '롤러스케이트'가 세상에 나오게 된 거예요. 그 후 롤러스케이팅은 새로운 스포츠로 자리 잡게 되었답니다.

▲ **아이스 스케이트**와 **롤러스케이트**

4 청바지는 무엇으로 만들었어요?

1830년대에 미국의 샌프란시스코는 금을 캐기 위해 전국에서 몰려온 광부들로 북적댔어요. 하루 종일 땅을 파는 광부들의 바지는 쉽게 해져서 금새 입을 수가 없게 되었지요. 이 모습을 본 리바이 스트라우스가 두꺼운 천막용 천으로 청바지를 만들었어요. 재단사였던 제이콥 데이비스는 작은 금속 리벳(머리가 둥근 버섯 모양의 굵은 못)으로 청바지 주머니를 고정하자고 제안했지요. 금속 리벳을 달자 주머니에 넣은 물건이 작업 중에도 잘 빠지지 않았어요.

▲ 리바이 스트라우스

▲ 리벳을 단 **청바지**

두 사람은 1873년, 청바지의 특허를 신청하고 청바지 회사를 차렸어요. 청바지는 더욱 멋스러워졌고 지금까지도 많은 사람들에게 사랑받고 있답니다.

4 생활 속 아이디어 신기한 발명

카카오 열매를 수확한다.

초콜릿은 어떻게 만들어요?

태양이 뜨거운 열대 지방에는 카카오나무가 자라요.
멕시코의 원주민들은 딱딱한 카카오 열매를 볶아서 음료를 만들었어요.
이 음료를 초콜라틀이라고 했는데 신들이 먹는 성스러운 음료로 여겨서 에스파냐의 황제들도 즐겨 마셨어요.

초콜라틀은 16세기에 유럽으로 전해지면서 큰 인기를 끌었어요.
초콜라틀을 팔던 영국의 조셉 프라이는 1847년, 초콜릿 바를 만들었어요.
카카오 가루에 카카오 버터 등을 넣고 딱딱하게 굳힌 것이지요.
이 초콜릿 바가 오늘날 우리가 먹는 달콤한 초콜릿이랍니다.

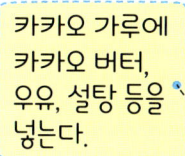

4 벨크로는 왜 서로 달라붙어요?

생활 속 아이디어 **신기한 발명**

▲ 도꼬마리 열매

스위스의 발명가 조르주 드 메스트랄이 사냥개와 함께 사냥을 나갔어요. 메스트랄은 도꼬마리(국화과의 풀)밭을 지나온 사냥개의 털에 도꼬마리 열매들이 붙어 있는 것을 보았어요. 호기심이 생긴 메스트랄은 도꼬마리 열매를 현미경으로 자세히 관찰했어요. 그리고 도꼬마리 열매에 갈고리(끝이 뾰족하고 꼬부라진 물건) 모양의 가시들이 있다는 것을 알게 되었지요.

앗, 이게 뭐지? 가시인가? 벌레인가?

▲ 벨크로

윗면: 갈고리 모양
아랫면: 둥근 고리 모양

 갈고리 모양의 가시들이 사냥개의 털을 휘감고 착 붙어 있었던 거예요. 메스트랄은 1941년, 도꼬마리의 가시와 동물의 털을 응용해서 간편하게 붙였다 떼었다 할 수 있는 '벨크로'를 발명했어요. 한쪽에는 까슬까슬한 작은 갈고리들을 달고, 다른 쪽에는 부드러운 실을 둥근 모양으로 달아서 두 쪽을 맞대었을 때 서로 달라붙게 한 거예요.
 우리가 흔히 찍찍이라고 부르는 벨크로는 단추나 지퍼보다 훨씬 사용하기 편리해서 가방, 신발, 지갑 등에 널리 사용되고 있어요.

연필은 언제부터 사용했어요?

1564년, 영국의 한 광산에서 단단하고 검은 광물인 흑연이 쏟아져 나왔어요. 사람들은 손에 잘 묻어나는 흑연을 이용해서 필기도구를 만들면 좋겠다고 생각했어요. 나무판에 흑연을 끼우거나 흑연을 종이와 실로 감아서 필기도구로 사용했지요. 이것이 바로 연필의 시초라고 할 수 있어요.

1795년, 프랑스의 화가 니콜라 자크 콩테는 흑연 가루와 찰흙을 섞어 연필심을 만들었어요. 그리고 이 연필심을 나무 막대의 홈에 끼워 넣었지요. 이렇게 해서 오늘날의 연필과 비슷한 모양의 연필이 만들어졌어요.
1858년, 미국의 화가 하이멘 립맨은 지우개에 실을 꿰어 연필에 매달아 사용했어요. 그러다가 지우개를 양철 조각으로 감싸서 연필에 고정시킨 지우개 달린 연필을 만들었답니다.

▲오늘날의 **연필**

연필깎이는 어떻게 연필을 깎아요?

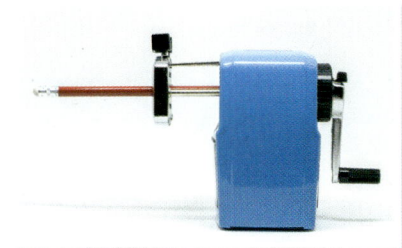

▲ 연필깎이

뭉툭해진 연필심을 뾰족하게 깎아 주는 연필깎이는 참 편리해요. 연필깎이가 발명되기 전에는 칼로 연필을 깎아야 했어요.
1828년, 연필깎이로 처음 특허를 낸 사람은 프랑스의 수학자 베르나르 라시몽이에요. 하지만 오늘날 우리가 사용하는 것과 비슷한 모양의 연필깎이는 미국의 존 리 러브가 만들었지요.

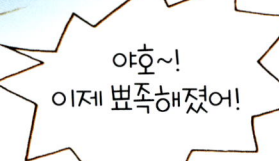

러브가 1897년에 만든 휴대용 연필깎이는 러브 샤프너라는 이름으로 불렸어요. 연필깎이는 연필을 구멍에 넣고 손잡이를 돌리면 연필깎이 안에 있는 칼날이 돌아가며 연필심을 깎아 주었지요. 이후 연필깎이는 더 발전해서 자동연필깎이도 등장했어요.

손잡이를 빙글빙글 돌려 봐!

▶ 연필깎이의 구조

손잡이

칼날

4 지우개는 어떻게 글씨를 지워요?

생활 속 아이디어 신기한 발명

▲ 조셉 프리스틀리

오래전 서양에서는 글씨나 그림을 지울 때 빵을 사용했어요. 빵으로 문지르면 흑연이나 목탄 가루가 빵에 달라붙으면서 글씨나 그림이 지워졌거든요.

1772년, 영국의 화학자 '조셉 프리스틀리'가 책상에 굴러다니는 고무 덩어리를 장난삼아 글씨에 문질러 보았어요. 그런데 신기하게도 빵보다 더 잘 지워지는 거예요.

흑! 나는 먹는 빵이란 말이야.

우리 흑연 가루를 지우려면 네가 있어야 해!

프리스틀리는 고무 부스러기가 종이의 섬유 사이로 들어가서 흑연 가루와 엉겨 붙으면, 흑연 가루가 종이에서 말끔히 떨어진다는 것을 알게 되었어요. 이 발견으로 고무지우개를 발명하게 되었지요. 프리스틀리의 발명 덕분에 사람들은 값싸고 편리한 고무지우개를 사용할 수 있게 되었답니다.

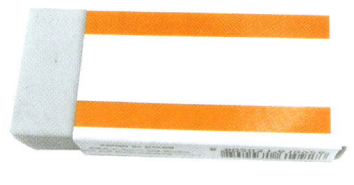

▲오늘날의 지우개

볼펜은 어떤 원리로 만들었어요?

헝가리의 작가 라즐로 비로가 기자로 활동할 때의 이야기예요. 비로는 글씨를 좀 더 편하게 쓰고 싶었어요. 그가 사용하던 만년필은 잉크가 줄줄 흘러 여기저기에 묻고 종이에 쓰면 쉽게 번졌거든요.
그러던 어느 날, 비로는 신문을 찍는 인쇄소에 갔다가 찐득한 인쇄기용 잉크를 보게 되었어요.
'저 잉크는 잘 번지지도 않고 줄줄 세지도 않겠군.'
비로는 인쇄기용 잉크를 만년필에 넣어 보았어요. 하지만 잉크가 찐득해서 흘러나오지 않아 글씨가 써지지 않았어요. 비로는 인쇄기용 잉크를 사용할 수 있는 도구를 만들었어요.
진흙탕에 빠졌던 공을 맨땅에 굴리면 공이 지나간 자리를 따라 진흙 자국이 땅에 생기지요?

비로는 이 원리를 이용해서 1944년, 펜 끝에 작고 동그란 볼을 달고 잉크를 작은 관에 담았어요. 볼은 종이 위를 구르면서 찐득한 잉크를 종이에 조금씩 옮겨 주었지요. 이렇게 해서 만년필보다 편리하고 부드럽게 써지는 볼펜이 발명되었답니다.

▲다양한 색깔의 **볼펜**

▲볼펜의 구조

클립은 어느 나라에서 발명했어요?

여러 장의 종이를 고정해 주는 조그만 클립! 클립이 발명되기 전에는 옷을 만들 때 사용하는 일자(-) 핀으로 종이를 고정했어요. 일자 핀은 한쪽 끝이 뾰족해서 손가락을 찔리는 일이 많았지요.

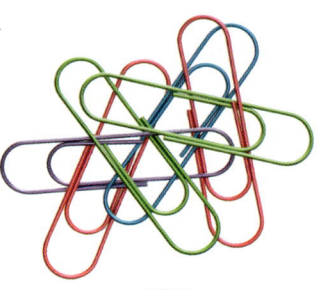
▲클립

1899년, 노르웨이의 요한 발러가 손가락을 찔릴 위험이 없는 끝이 둥근 안전한 '클립'을 발명했어요. 이것이 오늘날 우리가 사용하고 있는 클립이에요. 노르웨이 사람들은 자신들의 나라에서 발명된 클립을 매우 자랑스러워했어요. 제2차 세계 대전이 일어나 독일에게 점령을 당했을 때 독일에 저항하는 의미로 옷에 클립을 달고 다니기도 했지요.

클립은 노르웨이의 자랑스러운 발명품이야.

4 생활 속 아이디어 신기한 발명

> 붕대를 혼자 감는 건 너무 힘들어~!

일회용 반창고는 누가 발명했어요?

붕대를 만드는 회사에 다니던 얼 딕슨은 집안일에 서툰 아내 때문에 늘 걱정을 했어요. 그의 아내는 집안일을 하다가 자주 손을 다쳤거든요.
'아내가 혼자 있을 때 다치면 붕대를 감아 줄 사람도 없는데 어쩌지?'
고민을 하던 딕슨은 반창고(의료용 테이프)에 작게 자른 거즈를 붙여 두었어요.

하지만 반창고의 접착면이 말라서 잘 붙지 않는 게 문제였어요. 딕슨은 접착면의 끈끈한 상태를 유지하기 위해서는 접착면을 보호할 천 덮개가 필요하다고 생각했어요. 1920년, 딕슨은 천만 떼어 내면 혼자서도 손쉽게 상처를 감쌀 수 있는 '일회용 반창고'를 만드는 데 성공했지요. 이후 딕슨의 반창고는 천 대신 비닐을 덮은 오늘날의 반창고로 발전했답니다.

▲ 일회용 반창고

4 셀로판테이프는 어떻게 만들었어요?

생활 속 아이디어 **신기한 발명**

미국의 문구 회사 연구원, 리처드 드류는 자동차 수리 센터에서 차에 페인트칠을 하는 것을 보았어요. 자동차 수리공은 색이 다른 곳으로 번지지 않도록 종이를 덮어 가며 조심스럽게 칠을 했지요. 하지만 종이에 페인트가 스며들면서 색이 번지고 지저분하게 색칠이 되었어요.
연구실로 돌아온 드류는 페인트를 칠할 때 다른 면을 꼼꼼히 가려 줄 수 있는 것을 연구했어요. 1929년, 드류는 오랜 연구 끝에 셀로판지에 점착제(달라붙게 하는 물질)를 발라 '셀로판테이프'를 발명했어요.

으악! 페인트가 다 번졌잖아?

셀로판테이프는 점착력이 있어 간편하게 물건을 이어 붙일 수 있었고, 색이 투명해서 그 안을 볼 수도 있었어요. 또 선물 포장을 깔끔하게 할 수 있어서 큰 인기를 끌었지요. 그 후 드류가 다니던 회사에서는 이 테이프의 원리를 응용해 다양한 테이프를 만들었어요. 셀로판테이프는 1930년, '스카치테이프'라는 상품명으로 세상에 나와 널리 알려지게 되었어요.

▲셀로판테이프

4 붙였다 떼었다 할 수 있다고요?

생활 속 아이디어 신기한 발명

우리는 중요한 일이나 약속을 조그만 '접착식 종이'에 적어 눈에 잘 보이는 곳에 붙여 놓아요. 접착식 종이는 자유롭게 붙였다 떼었다 할 수 있어서 무척 편리하지요.
'포스트잇'이라는 상품명으로 더 유명한 접착식 종이는 미국의 문구 회사 연구원, 스펜서 실버와 아서 프라이가 함께 만들었어요.

실버는 강력한 접착제를 만들기 위해 연구하다가 실수로 끈적임이 약한 접착제를 만들고 말았어요. 하지만 프라이는 실버에게 얻은 접착제를 종이에 발라 붙였다 떼었다 할 수 있는 메모지로 사용했지요. 실수가 좋은 아이디어가 된 거예요.

1977년, 두 직원의 연구와 아이디어가 더해져 접착식 종이 포스트잇이 상품으로 나오게 되었답니다.

접착식 종이는 정말 우연히 발명되었지.

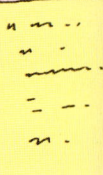

실수를 감춰 주는 물건이 있어요?

컴퓨터로 문서를 작성하기 전에는 타자기로 문서를 작성했어요. 타자기 글자판의 키를 손가락으로 탁탁탁 누르면 종이에 글자가 찍혀 나왔지요. 1951년, 미국의 베티 그레이엄은 회사에서 타자기로 문서를 작성하는 일을 했어요. 일이 서툴렀던 그레이엄은 자신이 작업한 문서에 틀린 글씨가 나오자 고민에 빠졌어요.
'아휴! 이러다 직장을 잃으면 정말 큰일인데!'

그레이엄은 작은 매니큐어 병에 하얀색 페인트를 담아 왔어요. 틀린 글씨가 나올 때마다 페인트로 덧칠했더니 감쪽같았지요. 같이 일하던 회사 동료들에게도 그레이엄의 수정액은 무척 인기가 좋았어요. 이후 실수를 감춰 주는 수정액은 많은 사람에게 알려졌고, 매니큐어 형태와 펜 형태 등의 다양한 상품으로 만들어졌어요.

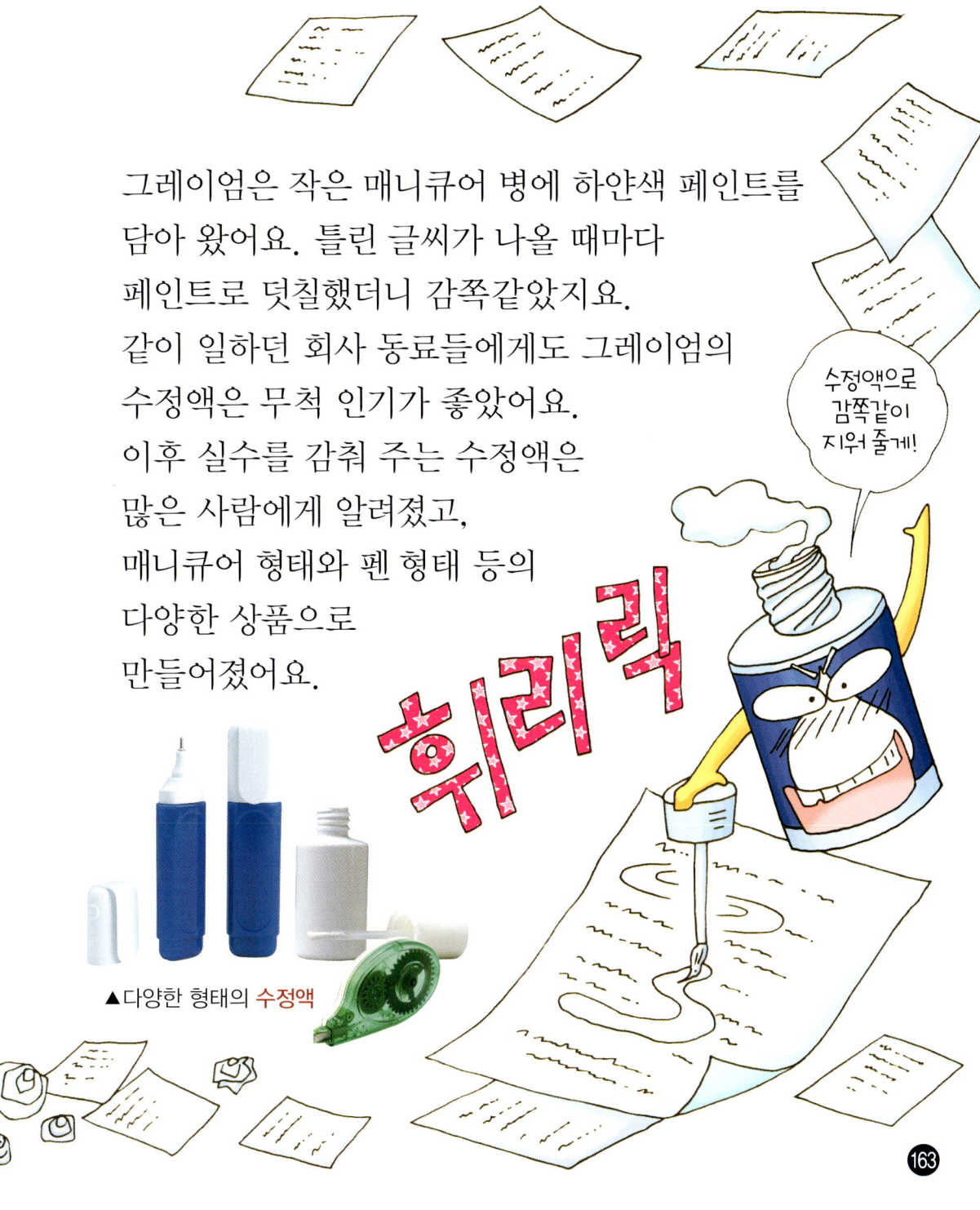

▲ 다양한 형태의 **수정액**

4 안전 면도기는 어떻게 발명되었어요?

생활 속 아이디어 신기한 발명

날카로운 칼에 다칠까 봐 무서워. 힝~.

옛날에는 얼굴에 난 수염을 깎기 위해 날카로운 면도칼을 사용했어요. 그래서 면도할 때 조금만 실수를 해도 피부에 상처가 났지요.

미국의 킹 질레트는 서둘러 면도를 하다가 그만 턱에 상처를 내고 말았어요.

"이런 면도칼은 위험하고 크기도 너무 커서 무거워!"

질레트는 안전한 면도기를 만들기 위해 고민했어요. 그러던 어느 날, 이발사가 촘촘한 빗으로 머리를 누르며 삐쳐 나온 머리카락을 가위로 자르는 모습을 보고 아이디어가 떠올랐어요.

▲ 킹 질레트

"그래! 칼날 주위를 빗 모양의 얇은 철판으로 안전하게 보호해 칼날 끝만 피부에 닿게 하는 거야. 그러면 살을 베일 걱정이 없지."
1895년, 질레트는 살이 베이지 않는 안전한 면도기를 발명했어요. 질레트의 발명으로 남자들의 턱에는 상처가 훨씬 줄어들었지요.

싹둑

싹둑

안전 면도기를 사용하면 다칠 걱정이 없지!! 룰루랄라~♪

4 종이컵은 누가 발명했어요?

1907년, 미국의 로렌스 루엘렌과 휴그 무어는 생수 자동판매기를 만들어서 유명해졌어요. 그런데 유리나 도자기로 된 컵을 사용하다 보니 컵이 자꾸 깨져서 자판기의 인기는 점점 하락했지요. 그때 무어가 좋은 생각을 해냈어요.
"종이로 컵을 만들면 되겠어! 그럼 값도 싸고 가벼우면서 절대 깨지지 않잖아!"
"말도 안 돼! 종이는 물에 녹아 버린다고!"
루엘렌은 무어의 말을 흘려들었어요. 하지만 무어는 포기하지 않았어요. 그 후 물에 쉽게 젖지 않는 태블릿 종이를 찾아낸 무어는 종이컵을 만드는 회사를 차렸어요. 종이컵은 사람들에게 폭발적인 인기를 얻게 되었고 널리 사용되었답니다.

어린이 과학백과 시리즈
초등 교과 연계표

책 명	학년-학기	교 과	단 원
인체백과	2-1	봄2	1. 알쏭달쏭 나
	5-2	과학	4. 우리 몸의 구조와 기능
곤충백과	2-1	여름2	2. 초록이의 여름 여행
	3-1	과학	3. 동물의 한살이
	5-1	과학	5. 다양한 생물과 우리 생활
로봇백과	3-1	국어	2. 문단의 짜임
	3-1	과학	2. 물질의 생성
동물백과	3-1	과학	3. 동물의 한살이
	3-2	과학	2. 동물의 생활
	5-1	과학	5. 다양한 생물과 우리 생활
호기심백과	2-1	봄2	1. 알쏭달쏭 나
	3-1	과학	5. 지구의 모습
	5-2	과학	1. 날씨와 우리 생활
바다해저백과	3-1	과학	5. 지구의 모습
	3-2	과학	2. 동물의 생활
공룡백과	3-2	과학	2. 동물의 생활
	4-1	과학	2. 지층과 화석
전통과학백과	1-2	겨울1	2. 여기는 우리나라
	3-1	과학	2. 물질의 생성
	3-2	사회	2. 시대마다 다른 삶의 모습
우주백과	3-1	과학	5. 지구의 모습
	5-1	과학	3. 태양계와 별
장수풍뎅이 사슴벌레백과	2-1	여름2	2. 초록이의 여름 여행
	3-1	과학	3. 동물의 한살이
파충류백과	3-1	과학	3. 동물의 한살이
	3-2	과학	2. 동물의 생활
	5-1	과학	5. 다양한 생물과 우리 생활
벌레잡이·희귀 식물백과	1-1	봄1	2. 도란도란 봄동산
	4-1	과학	3. 식물의 한살이
	4-2	과학	1. 식물의 생활
세계 최고·최초백과	3-1	과학	5. 지구의 모습
	5-1	과학	3. 태양계와 별
	6-2	사회	3. 세계 여러 지역의 자연과 문화
발명백과	3-1	과학	2. 물질의 생성
	4-2	과학	3. 그림자와 거울
드론백과	3-1	과학	2. 물질의 생성
	5-2	과학	3. 물체의 빠르기
인공지능백과	4-1	과학	1. 과학자처럼 탐구해 볼까요?
	5	실과	6. 생활과 정보
	6	실과	3. 생활과 전기 전자 4. 나의 진로

신기하고 놀라운 인공 지능의 세계!

《우리 아이 창의력을 키워 주는 똑똑한 인공지능백과》에서 인공 지능에 관한 궁금증을 모두 해결해 보세요.

김수경 지음, 정주연 그림, 김선주 감수

호기심을 풀어 주는
어린이 과학 백과 현16권

《퀴즈! 과학상식-세계 불가사의 수학》에서 오싹하고 신기한 불가사의 속 수학 상식을 알아보아요.

권찬호 지음, 차현진 그림, 박한나 감수

재밌는 만화로 배우는
퀴즈! 과학상식 현84권